Conception et réalisation graphique : Caroline Gioux

HARPERCOLLINS France
83-85, boulevard Vincent-Auriol,
75646 PARIS CEDEX 13

Tél. : 01 42 16 63 63

www.harpercollins.fr

ISBN : 979-10-339-1949-0

KYO

20 ANS

Avec la collaboration
de Serge Poézévara

HarperCollins

SOMMAIRE

1994-1997

NOS RACINES ET NOS AILES

1994

BENOÎT, AVANT DE RENCONTRER LE GROUPE, QUEL GENRE DE GAMIN ES-TU ?

Quelqu'un d'assez discret. Excellent élève. Je fais allemand première langue et latin. Ça a de l'importance pour mes parents. Tous les soirs, ils vérifient mes devoirs, comme je le fais maintenant avec mes propres enfants.

J'ai un pote ou deux, que je choisis toujours selon les mêmes critères : humour et répartie, « le bon mot dans le bon timing ». C'est une preuve d'esprit que j'ai toujours admirée chez les autres et dont Fab, Flo et Nico ne sont pas dénués ! Pour moi, ce sont les mecs les plus drôles au monde. J'adore les jeux de mots pourris...

À cette époque du collège, le garçon un peu introverti que je suis vit un événement assez marquant : l'arrivée d'un nouveau. Un grand mec aux cheveux longs qui vient de Mantes-la-Jolie, il a un charisme incroyable, doublé d'un humour redoutable. Dès le premier jour, on se presse autour de lui. Le mec se fait des potes en claquant des doigts. Je suis fasciné par son aura. Je suis beaucoup plus jeune mais je n'ai plus qu'un objectif : me faire une place dans sa

1997

bande. Il est branché jeux vidéo et c'est l'époque où tout le monde s'échange les disquettes. C'est comme ça que je réussis à entrer dans son cercle, une bande de geeks passionnés par les jeux de rôle plateau et le métal. Je les trouve remarquablement intelligents. Pendant deux ans, je me nourris de leur humour, de leurs traits d'esprit, et à leur contact je prends de l'assurance et me forge une personnalité.

À LA FIN DE LA TROISIÈME, TES PARENTS DÉCIDENT DE TE CHANGER D'ÉTABLISSEMENT ET DE T'ENVOYER DANS UN LYCÉE PRIVÉ. TU DOIS DONC QUITTER TES POTES ?

Pour mes parents, c'est une suite logique, l'occasion de me donner une meilleure chance. Je suis désespéré, je leur en veux beaucoup, mais je me fais finalement à l'idée et le prends comme l'opportunité de me réinventer une vie et de mettre à profit ce que j'ai appris au collège au contact des autres. Quitte à forcer un peu le trait, je m'emploie à transformer ce jeune homme trop discret et un peu

en retrait en son opposé. Je ne suis ni tout à fait à l'aise ni complètement naturel dans ce rôle-là, mais je pense que ça ne se voit pas trop.

ET C'EST DANS CE NOUVEAU LYCÉE, NOTRE-DAME-DES-OISEAUX, À VERNEUIL-SUR-SEINE, QUE LA MUSIQUE PREND VRAIMENT SON IMPORTANCE ?

J'avais commencé à écouter du rock en quatrième alors que j'étais dans un collège où tout le monde ne jurait que par le rap. À Verneuil, dès le premier jour, ce qui me frappe c'est que les looks sont très différents, jeans slim et vestes en cuir, très « heavy metal-début du

grunge ». Le changement d'univers est assez flagrant, et je me sens en décalage. Progressivement, je me refais une garde-robe.

L'un des premiers que je rencontre est Fabien Dubos, qui va devenir le batteur de Kyo, avec lequel ça matche assez naturellement. On écoute la même musique. Il me présente à son petit frère, Florian, qui joue de la guitare, et à Nicolas Chassagne. Tous les trois cherchent un bassiste pour le petit groupe qu'ils ont monté, Kaméléon. Clairement, je ne sais pas jouer de la basse, tout juste un peu de guitare acoustique, mais j'en ai une à la maison, vestige des années lycée de mon père qui avait un groupe lui aussi. J'y vais au bluff et les rejoins. Par chance ils n'ont jamais eu de bassiste et n'ont donc pas de point de comparaison ; ce que je fais leur semble correct.

Il y a un autre groupe au lycée, qui s'appelle Noisy Fate. Ce sont les stars du bahut. Ils ont les filles à leurs pieds et ça nous booste comme jamais ! On veut

leur ressembler. À ce moment-là, l'envie d'être cool me porte autant que celle de faire de la musique. Tous les lundis matin, on se retrouve pour comparer les morceaux enregistrés pendant le week-end et on fait des battles. On est deux bandes rivales, mais on se respecte, on s'apprécie. On partage le même amour de la musique, et je crois qu'on s'admire mutuellement.

TU AS L'IMPRESSION DE TE TROUVER À CE MOMENT-LÀ ?

À leur contact, je gagne encore et toujours plus en assurance. Je passe d'un extrême à l'autre… peut-être pas pour le meilleur, car je deviens très arrogant. Mes parents m'avaient inculqué des valeurs assez simples, le respect notamment, être gentil avec les autres, mais je m'aperçois que dans la cour de récré ça ne marche pas comme ça. Toutes les filles les plus en vue ne sortent qu'avec

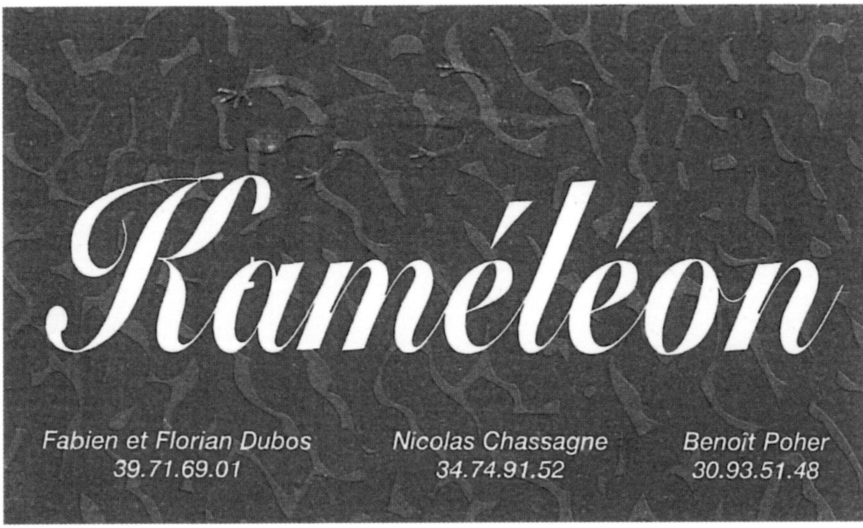

les *bad boys*... C'est paradoxal. Donc je force ce trait-là, et ça m'est clairement profitable ! C'est fou. Petit à petit, je deviens celui que j'ai envie d'être. Rétrospectivement, je le regrette, j'étais un vrai petit con. Je voulais me faire une place au sein du groupe et c'était un moyen de me hisser à leur niveau. Ils avaient un tel charisme !

Heureusement, quand tu commences à faire de la musique professionnellement, l'humilité a vite fait de te rattraper. Quand tu vas présenter tes morceaux dans les maisons d'édition, tu t'aperçois que tu n'impressionnes personne. Si aujourd'hui je ne ferais pas de mal à une mouche, j'ai quand même gardé un peu de cette arrogance. Liam Gallagher d'Oasis avait été élu par un magazine le meilleur *frontman* de tous les temps. En termes d'arrogance, je pense qu'on ne peut pas mieux faire. Donc il m'en reste quelque chose, et mon entourage m'encourage à cultiver cette attitude, notamment sur scène.

VOS PREMIERS CONCERTS, C'EST DANS LA COUR DU LYCÉE ?

Oui, au gymnase, dans l'amphithéâtre, on donne régulièrement des concerts pour les BTS grâce à une fille qui nous prend sous son aile. Et puis, très vite, on se met à composer et à se produire dans des petites salles de la région.

C'EST À CE MOMENT-LÀ QUE VOUS RENCONTREZ YVES-MICHEL AKLÉ, QUI EST TOUJOURS VOTRE MANAGER AUJOURD'HUI ?

On est sélectionnés pour participer à un tremplin rock à Conflans-Sainte-Honorine. C'est une scène assez grande et impressionnante, on fait partie des six groupes retenus ce soir-là. Le premier gagnera un enregistrement. Pas de chance, on arrivera deuxième.

Concert Kaméléon – Saint-Germain-en-Laye, 1995

Concert Sound Keepers –
Le Gibus, 1995

Un peu avant le concert, on est sur une pelouse proche du parking, on répète assis en rond, pas loin de la voiture de Fab, le seul à avoir le permis. Yves-Michel, qui cherche du réseau pour son mobile, passe devant nous sans s'arrêter mais, dix mètres plus loin, il fait demi-tour et revient sur ses pas. Il engage la conversation et nous pose pas mal de questions. « Vous avez d'autres chansons ? » « Tout est dans ce style un peu folk, guitare-voix ? » Ce n'est pas tout à fait le cas, mais on sent qu'il faut dire oui. Et là, il nous sort sa carte de manager. Je pense qu'il ne manage encore personne, mais qu'il en a l'ambition. On prend rendez-vous et, dans l'intervalle, on bosse comme des fous pour avoir des chansons à lui présenter, avec des sons un peu plus folks que ce qu'on compose habituellement. Et ça lui plaît. C'est comme ça que l'histoire a commencé. Au début, il nous envoie jouer dans les parcs, sur les bancs publics, pour voir si les gens s'arrêtent et tendent l'oreille. C'est un exercice très particulier, loin d'être évident, et la vérité est qu'il n'y a pas grand-monde qui s'arrête.

Concert Kaméléon - Conflans-Saint-Honorine, 1996

INTERVIEW
Nicolas Chassagne

TE SOUVIENS-TU DE TA PREMIÈRE RENCONTRE AVEC LA MUSIQUE ET CE QUI T'A DONNÉ ENVIE DE PRATIQUER UN INSTRUMENT ?

Mon premier souvenir musical, c'est le morceau « How deep is your love » des Bee Gees. Quelle douceur... je l'écoutais à longueur de temps. Il est indissociable de mon enfance.
Et d'autres titres que j'entendais à la radio, ceux de Goldman en particulier.
À quatorze ans, j'ai pu m'offrir mon premier disque. Sur les conseils de ma sœur, j'ai acheté un live des Doors et découvert un son plus rock. Je considère cet album comme « le disque parfait ». Ont suivi de nombreux disques comme *Use your illusions* de Guns N'Roses, qui a été une révélation à l'époque et un véritable déclencheur pour former un groupe ; au-delà de leur musique géniale, il y avait l'esthétique, les looks, l'imaginaire autour du groupe et surtout la complicité qu'ils dégageaient sur scène...

QUELS SONT TES PREMIERS SOUVENIRS DE GROUPE (RENCONTRE, RÉPÉTITIONS, CONCERTS...) ?

Je me souviens d'être allé trouver Fabien un matin avant les cours. On était en quatrième, mais on se connaissait depuis la maternelle.
Je savais qu'il jouait de la batterie mais j'ignorais qu'il avait déjà un excellent niveau. Moi, je commençais tout juste la guitare mais notre envie était telle que rien ne pouvait nous arrêter. Flo nous a rejoints dès la première répétition. Je n'oublierai jamais la sensation que j'ai ressenti quand on a esquissé les premiers enchaînements d'une reprise des Guns ; c'était probablement inaudible mais pour moi ça sonnait tellement bien ! Ben nous a rejoints l'année d'après je crois, et on a senti qu'on était au complet.
Dès lors, on a multiplié les occasions de nous produire, sous des noms plus improbables les uns que les autres, avec une *setlist* composée pour moitié de reprises, pour moitié de compositions. Tout était bon à prendre : la soirée des BTS, la fête de l'école, les tremplins rock, la fête de la musique...

QUEL REGARD PORTES-TU SUR LES CHANSONS DU PREMIER ALBUM ?

Les chansons du premier album sont superbes, elles sont empreintes de jeunesse, bien sûr, mais les mélodies et les textes étaient déjà très bons.
Côté production, on manquait d'expérience et on a été sans doute dépassés par la vitesse à laquelle ça allait.

À L'ÉPOQUE VOUS FAITES DE BELLES PREMIÈRES PARTIES ?

David Hallyday a senti notre enthousiasme et nous a invités sur ses concerts en première partie. C'est une des rares personnes à avoir eu un geste complètement désintéressé envers nous. Il a mis tout en œuvre pour que les coûts de tournées soient les moins élevés possible et il demandait, au simple motif de la gentillesse, chaque soir à son public, de nous faire une ovation. Je ne le remercierai jamais assez pour cela.

COMMENT VIVEZ-VOUS LE SUCCÈS PHÉNOMÉNAL ET LE TOURBILLON QUI S'ENSUIT (LES TOURNÉES, LA PROMO, L'ALBUM *300 LÉSIONS*) ?

Le succès qui suit, on l'a vécu dans « une bulle de groupe », protégés les uns par les autres. On prenait les choses comme elles venaient, avec l'impression que tout était mérité. On touchait au but qu'on s'était toujours fixé et notre travail était récompensé.
Mais tout allait très vite et on ne prenait pas conscience de tout, pour le meilleur.

COMMENT VIS-TU LA PAUSE DU GROUPE ?

La pause était nécessaire, on était tous un peu fatigués psychologiquement.
J'ai profité de cette période, j'avais la sensation d'avoir un temps d'avance dans ma vie. J'ai beaucoup voyagé, je me suis marié et j'ai eu deux enfants avec le luxe de pouvoir passer beaucoup de temps auprès d'eux.

EN 2013, VOUS VOUS REMETTEZ À COMPOSER *L'ÉQUILIBRE*. COMMENT RETROUVE-T-ON L'ENVIE ET UN ÉQUILIBRE DE GROUPE JUSTEMENT ?

Quand on s'est remis à travailler ensemble sur l'album *L'équilibre*, c'est comme si le temps ne s'était pas écoulé ou presque, on avait plein d'envies, plein d'idées. Je pense qu'on avait peur que la magie ne réopère pas, mais à la fois, on savait qu'on faisait quelque chose de qualité, c'était déjà très bien en soi.

UN MOT À DIRE SUR LES AUTRES MEMBRES DU GROUPE ?

Les membres de ce groupe sont devenus des membres de ma famille, des frères. Ce n'est pas simple de travailler avec ses amis, encore moins avec sa famille, mais le jeu en vaut la chandelle.
Nos destins sont intimement liés, depuis toujours et jusqu'à la fin.

Radio !
FM

1998 - 2005

LE CHEMIN PARCOURU

1998-

C'EST QUAND VOUS SIGNEZ AVEC JEAN-CHRISTOPHE BOURGEOIS CHEZ SONY ATV QUE LA DYNAMIQUE DU PROJET BASCULE VÉRITABLEMENT ?

Pas tout à fait mais ça y contribue. Yves-Michel avait réussi à nous obtenir quelques rendez-vous dans des labels et des maisons d'édition. Il nous faisait chanter en direct devant les directeurs artistiques avec nos guitares acoustiques. Ils ont des piles de CD démo, de maquettes sur leurs bureaux, mais nous on se distingue parce qu'on est là, en *live*, et je pense que ça joue en notre faveur. Et on finit par obtenir une première proposition de contrat chez BMG puis chez Sony Atv Music Publishing avec Jean-Christophe Bourgeois. À l'époque Sony Atv Music Publishing avait un studio d'enregistrement dans les sous-sols de leur building, ce qui nous a permis d'intensifier l'enregistrement de nos maquettes dans des conditions optimales.

On l'attendait tellement ce moment ! On se voit déjà propulsés... On touche une avance de 15 000 francs, c'est une somme très conséquente. Pour tout le monde, c'est du sérieux. Pourtant nous allons rencontrer de nombreux obstacles.

2005

Yves-Michel Aklé, manager de Kyo © Mélanie Lhote

Jean-Christophe Bourgeois, éditeur chez Sony Music Publishing © Tessa Marchon

13/11/00

Quelques semaines après la signature chez BMG, le PDG est remercié. On n'a même pas eu le temps d'enregistrer des titres pour un album. Une période d'incertitude de plusieurs mois s'installe. Le nouveau PDG fraîchement nommé n'apprécie pas nos chansons et décide de rompre le contrat avec cette remarque acerbe à notre manager « Ce ne sont pas de bons mélodistes, à ta place je ne serais pas fier de les laisser croire qu'ils vont réussir dans la musique ».

Puis vient ensuite la signature au sein du label Epic de Sony Music qu'on avait démarché à l'époque et qui en profite pour se repositionner. On prend le temps de travailler et d'enregistrer un album avec l'un des réalisateurs artistiques les plus prolifiques du moment, François Delabrière. Mais avant que l'album ne sorte, le patron du label Epic, Christophe Lameignere, part avec une partie de son équipe monter la division française du plus grand label US

13/11/00

indépendant de l'époque : Jive / Zomba Records.

Un nouveau patron du label Epic est nommé et celui-ci non plus ne croit ni au groupe ni aux chansons de l'album qui vient d'être enregistré. Il autorise donc Christophe Lameignere à racheter les bandes à un prix très avantageux. On n'avait pas anticipé toutes ces embûches, et c'est dur.

Heureusement, on vit tous chez nos parents, on n'a pas la pression financière du quotidien. On a aussi la chance qu'ils assistent, en première loge, à notre travail acharné. Même si on a arrêté nos études, ils sont rassurés de voir qu'on se donne les moyens de notre ambition.

Et puis il y a la force du groupe. Encaisser ces épreuves et ces échecs en solo aurait été beaucoup plus difficile. On forme une équipe, on n'a pas le droit de lâcher. On se sent responsables les uns vis-à-vis des autres. Yves-Michel et Jean-Christophe sont avec nous, ils continuent de nous soutenir malgré les difficultés, ils sont sûrs qu'on va y arriver.

Notre premier album, *Kyo*, sort enfin. On en vend seulement 7 000, un four ! On est déçus, bien sûr, mais on décide assez naturellement de tirer des apprentissages de cette première expérience et de garder la niaque. On écrit tout le temps, sans interruption, et nos textes gagnent en qualité. L'écriture devient vitale. Et c'est resté comme ça. Plus encore ! Je me lève la nuit parce que j'ai trois phrases en tête... C'est passionnel.

C'EST DÉJÀ TOI QUI PRENDS LE LEAD SUR L'ÉCRITURE ET SUR LE CHANT ?

J'ai probablement plus de facilités à écrire, mais le premier album est vraiment collégial. Ça peut paraître dingue, mais on écrit toutes les chansons à huit mains, chacun y va de sa phrase. Je ne pourrais plus travailler comme ça aujourd'hui. Le côté bricolage ne part pas vraiment du cœur, ça ne marche pas. Les seules personnes dont j'accepterais de chanter les paroles aujourd'hui, ce sont les gars du groupe, mais je ne referai plus l'expérience de la co-écriture.
Le chant, lui, vient assez naturellement avec l'écriture. Nico et Flo chantent aussi mais, rapidement, je prends le lead sur l'écriture et donc sur le micro.

TE SOUVIENS-TU DE TON TOUT PREMIER TEXTE DE CHANSON ?

Il s'appelait « Quand les anges se font la guerre ». C'était aussi la première phrase de la chanson. J'ai oublié tout le reste... Je me souviens d'avoir pris beaucoup de plaisir à l'écrire. Je l'avais fait écouter aux gars dans la chambre de Nico, et ils l'avaient validé aussitôt.

QUEL REGARD POSES-TU SUR LES CHANSONS DU PREMIER ALBUM ?

Un regard très critique. Impossible de les réécouter, c'est épidermique. Il y a une forme de naïveté, un champ lexical limité... Quand je compare les chansons de notre premier album à celles d'autres jeunes artistes dans les années qui ont suivi, je me dis qu'ils étaient dix mille fois plus talentueux. Je pense à Lorde notamment, une artiste néo-zélandaise qui sort son premier album à seize ans

Faire partie du fleuve, ne pas sortir du rang
Puis couler nos corps portés par le courant
L'infini nous dépasse, comme des fétus de paille
Nos âmes flottent sans jamais s'élever regards
Qui oserait s'opposer à la soumission
Sans avoir conscience qu'on a tous le don
Ne serait-ce qu'une seconde, d'apercevoir les ondes
Les traces de nos vie qui nous inondent

Tu dois fermer les yeux
Faire le vide dans la tête
Garder le silence et
Entrer dans la KYOSPHERE

Faire communier nos âmes, faire communier nos corps
Retrouver la faille en liant nos efforts
Les rituels nous éloignent, lentement du message
L'image qu'ils inventent a derrière nos regards
Qui oserait espérer garder le contrôle
Sans avoir conscience qu'on a tous un rôle
A jouer dans l'équilibre, même un battement de cils.
Pourrait briser le cercle pour de bon

- Tu dois fermer les yeux
Faire le vide dans la tête
Garder le silence et
Entrer dans la KYOSPHÈRE

Paroles Kyosphère

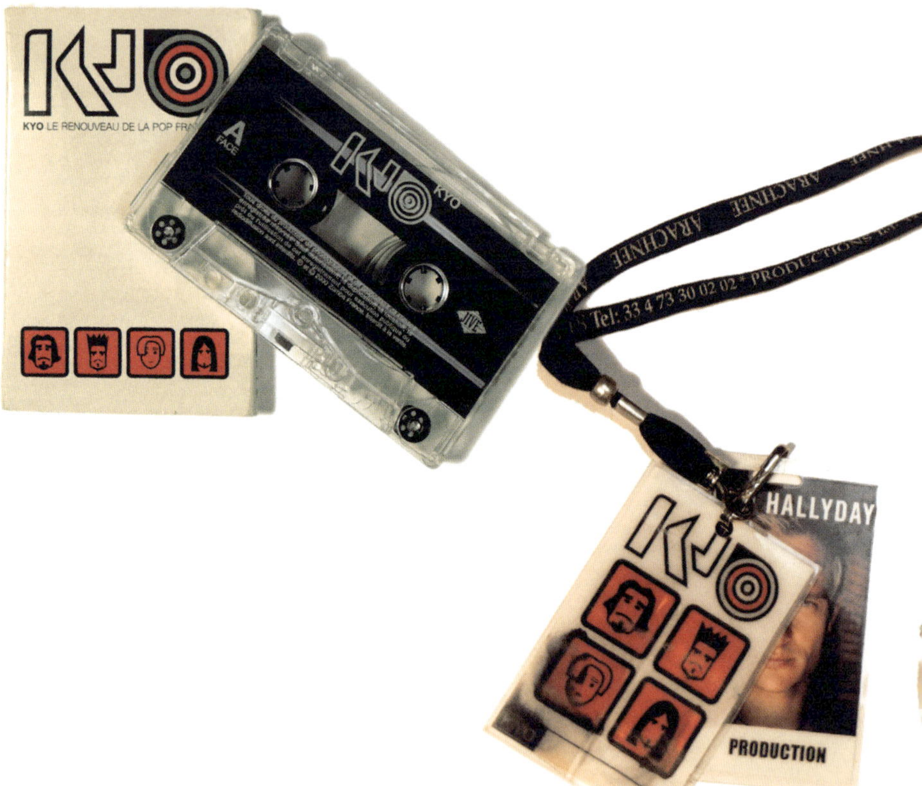
KYO LE RENOUVEAU DE LA POP
A
FACE
KYO
ARACHNEE
Tel: 33 4 73 30 02 02 * PRODUCTIONS
HALLYDAY
PRODUCTION

Olympia David Hallyday, 2000

Ricard Live Music Tour 2003, Florian et Nicolas avec Pierre Lavandon, bassiste du groupe sur scène

– un carton monumental –, et dont l'habileté d'écriture est impressionnante. Dans la musique urbaine, dans le rap aujourd'hui, il y a des gamins qui écrivent déjà super bien et dont je loue la maturité.

Et puis il y a ma voix que je ne supporte pas. On a l'impression que j'ai huit ans ! J'avais demandé que l'album ne soit plus disponible. Qu'il soit éradiqué ! Mais c'est dur à entendre pour certains fans, les « purs et durs » qui sont très attachés à cette époque.

DU CÔTÉ DE LA SCÈNE, ÇA SE PASSE MIEUX. VOUS FAITES DE BELLES PREMIÈRES PARTIES.

À l'époque, Yves-Michel est producteur dans une boîte de production de vidéoclips. La boîte décroche la réalisation du nouveau clip de David Hallyday, le single *Pour toi*, juste après l'énorme succès du titre « Tu ne m'as pas laissé le temps ». Yves-Michel apprend que ses musiciens sont retenus à Los Angeles, il nous propose alors de les remplacer.

Moi, j'ai le rôle du pianiste alors que je suis incapable de jouer du piano ! Sur les gros plans, ce sont les mains de David que l'on voit. Entre deux prises, David nous entend répéter nos morceaux dans la loge. Il trouve notre son sympa et nous propose de nous prendre en première partie. On n'y croit pas une seconde. On se dit qu'il veut être gentil. Deux jours après, le téléphone sonne. Son invitation était sérieuse.

Puis il y a les premières parties de Pascal Obispo. On a le même producteur de spectacles, Pierre-Yves Denizot d'Arachnée Productions. On se retrouve dans de très grosses salles. Et là, on sent que le public est réceptif. À la fin du show, notre label fait distribuer une cassette audio avec les extraits de trois morceaux. Elle est devenue collector ! Encore aujourd'hui, certains fans nous la ressortent à la fin d'un concert.

VOTRE DEUXIÈME ALBUM SORT EN 2003. C'EST *LE CHEMIN*.

Nous avons composé environ soixante-dix chansons, de qualités différentes... Il y en a de très mauvaises. Avec le recul, je trouve certains textes plutôt mièvres, les miens en particulier. L'écriture de Flo a mieux vieilli que la mienne.

Je suis dans une période de rupture avec celle qui deviendra plus tard ma femme, et comme mes textes sont à 80 % autobiographiques, les histoires que je raconte ne sont pas très joyeuses. Ce que je ne réussis pas à dire dans la vie, je le dis dans mes chansons. C'est clairement une thérapie. Pour sélectionner les titres de l'album, chacun marque ses favoris de petites croix. Comme nous sommes quatre, un nombre pair, nous sollicitons l'avis de notre entourage quand il s'agit de faire pencher la balance pour un titre plutôt qu'un autre.

Avant la sortie de l'album, le single *Le Chemin* cartonne déjà en radio. C'est un sentiment assez fou d'entendre pour la première fois ta chanson à la radio. Ça reste un souvenir très vif. Je me souviens de la montée d'adrénaline... Le single passe entre deux gros hits du moment. Dans les semaines qui suivent, on l'entend partout. On n'est pas totalement surpris parce que, dans notre entourage, l'engouement pour ce titre est unanime.

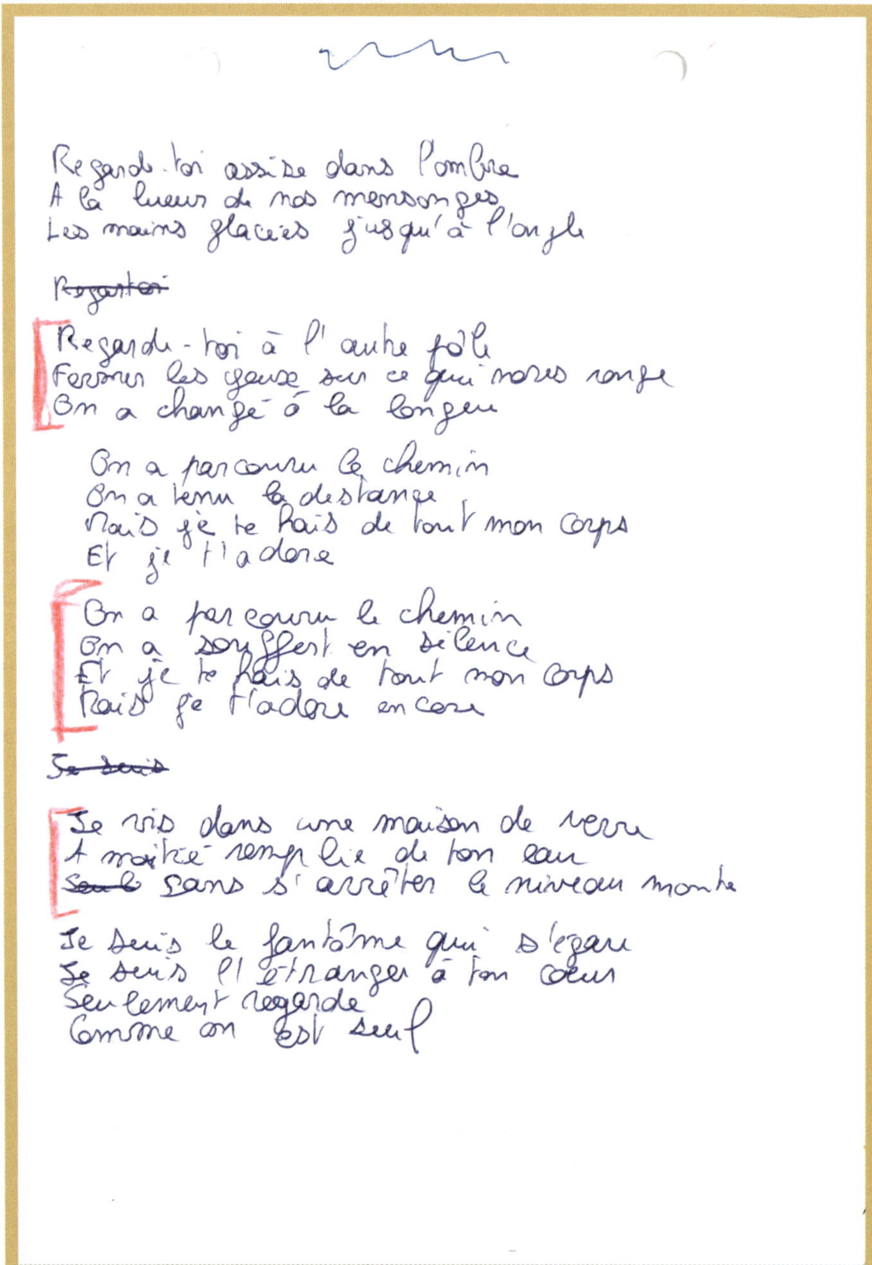

Regarde-toi assise dans l'ombre
À la lueur de nos mensonges
Les mains glacées jusqu'à l'ongle

~~Regarde-toi~~

Regarde-toi à l'autre pôle
Fermer les yeux sur ce qui nous ronge
On a changé à la longue

On a parcouru le chemin
On a tenu la distance
Mais je te hais de tout mon corps
Et je t'adore

On a parcouru le chemin
On a souffert en silence
Et je te hais de tout mon corps
Mais je t'adore encore

~~Je suis~~

Je vis dans une maison de verre
À moitié remplie de ton eau
~~Seule~~ Sans s'arrêter le niveau monte

Je suis le fantôme qui s'égare
Je suis l'étranger à ton cœur
Seulement regarde
Comme on est seul

Paroles Le Chemin

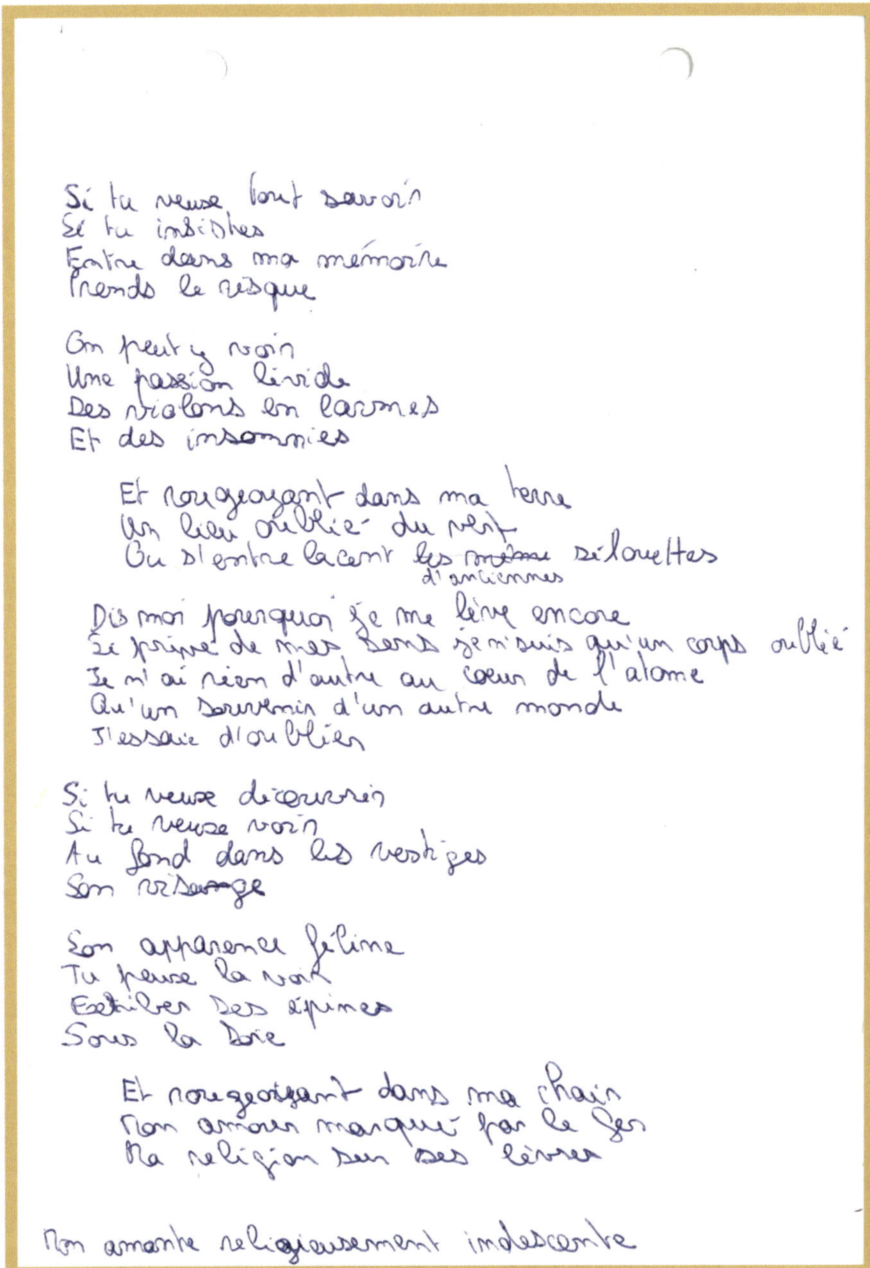

Si tu veuxe tout savoir
Si tu insistes
Entre dans ma mémoire
Prends le risque

On peut y voir
Une passion livide
Des violons en larmes
Et des insomnies

Et rougeoyant dans ma terre
Un lieu oublié du vent
Où s'entrelacent ~~les même~~ d'anciennes silouettes

Dis moi pourquoi je me lève encore
Si privé de mes sens je n'suis qu'un corps oublié
Je n'ai rien d'autre au cœur de l'atome
Qu'un souvenir d'un autre monde
J'essaie d'oublier

Si tu veuxe découvrir
Si tu veuxe voir
Au fond dans les vestiges
Son visage

Son apparence féline
Tu peuxe la voir
Exhiber des épines
Sous la soie

Et rougeoyant dans ma chair
Mon amour marqué par le fer
Ma religion sur ses lèvres

Mon amante religieusement indescente

Paroles Oublié

Cecile Viandier-Layani

From: Yves-Michel Aklé [Yves-Michel.Akle@wanadoo.fr]
Sent: 06 June 2003 10:28
To: cecile.viandier-layani@zomba.com.fr; Stéphane Le Tavernier;
Subject: 1er ruff de Mark

Kyo je cours.

Marco, 14ans se regarde dans un miroir cassé. Il porte un sweet rouge. Il se trouve dans les toilettes de son collège. Il mîme quelqu'un qui "provoque", se provoquant lui même. La musique n'est pas encore commmencée. Il se calme, met ses ecouteurs de discman dans ses oreilles et appuie sur play. Marco se renferme. Son visage se durçit. Il fixe le miroir. Un gros plan macro sur sa pupille, il cligne de l'oeil. On voit alors un flash qui cut l'image dans un eclair blanc. C'est une rapide image de flash back. On l'apperçoit rapidement gamin en train de se faire bousculer violemment. Retour sur son visage. Il fait un geste de tête rapide comme pour se remettre d'un choc puis c'est un autre flash qui crame l'image ; ses parents se crient dessus devant ses yeux de môme. Retour sur les toilettes. Marco se tient au lavabo. Sa tête est rentrée dans ses épaules. Il transpire et semble pleurer. Un gamin entre dans les toilettes. Marco, honteux et surpris, enfile sa capuche rouge et sort discretement des toilettes.

Le premier couplet commence. Marco marche dans les couloirs du collège. La lumière est très presente (cf blood the last vampire)), symbolisant l'etat d'ivresse d'une personnes sous le choc. La camera le suit. Marco est face. Il chante les paroles de ben. Des élèves meprisant qui le croisent le bousculent sans cesse. A chaque impact l'image laisse des traces, accentuant l'effet de panique (cf Pearl Harbour). Soudain, la lumière baisse. Marco se retrouve nez à nez avec une bande "caïd" qui lui barrent la route. Il lève les yeux, puis les ferme comme près à se faire taper. Noir écran. Une porte s'ouvre avec fracas. La lumière ambiante à changer. Le couloir, un autre que le premier, est eclairé aux néons. On decouvre alors Ben, le chanteur du groupe, habillé lui aussi d'un pull rouge à la capuche baissé, fier et la tête haute, l'air serieux et convaincu, qui chante à son tour le refrain face camera. Des dizaines de jeunes autours lachent leur affaires et se joignent au cortège. Les jeunes commencent à remuer les couloir de fond en comble. Des inserts montrent une mobilisatiion générale dans les salles de classe, tout le monde se lève et sort, pour rejoindre la file qui s'agrandit.

Retour sur le couplet. On entre alors dans une histoire parrallèle entre Marco et Ben. Marco réouvre les yeux. Les colosses s'écartent et le laisse passé. Il pense sans trop comprendre. Il entre alors dans un couloir ou tous les etudiants appuyés sur les murs sont masqués. Leur visages expriment un sourire figé. Marco avance dans cette pénombre etrange. Le sol de ce couloir est rouge vif. On switch alors sur Ben qui continue son avancée parmi la foule qui grandit. Il chante face camera. De temps en temps on repasse sur Marco qui ne dit qu'un mot "j'assure mes arrières" puis se met à courir de toutes ses forces. Les masques defilent. On repasse sur Ben qui finit le couplet.

Ben arrive dans une salle de classe ou les reste du groupe est entrain de jouer la chanson. Les tables ont été poussé contre un mur permettant de reposer la batterie. Les amplis jonchent les murs. Des dizaines de cable partent du mur. Les musiciens sont regroupés et jouent la tête en rythme. La foule est deja là dans cete salle de classe abandonné des professeurs qui ont perdu le contrôle de la situation. Ben monte sur un couloir de table qui separe la salle en deux. On voit alors notre Marco qui continue de courir

06/06/03

1er jet Synopsis clip Je cours par Mark Maggiori, 2003

dans les couloirs. On a le sentiment qu'il refait le même chemin que Ben. Pendant ce temps, Ben traverse la salle debout sur les tables en chantant. On voit la foule qui chante en mêm temps.

C'est le pont. La lumière tourne au sombre. Comme si la nuuit etait t

Ombré brusquement. Ben se penche sur son micro. Marco, lui, s'arrête devant une porte close. Il est dans une anti chambre eclairée en vert. Un giro rouge clignote. Il transpire. Il est essouflé. Il tape à la porte. Pendant ce temps Ben entâme son pont. On voit son oeil en gros plan comme Marco au debut dans les toilettes. Il cligne de l'oeil et on a un flash d'une image live de Kyo. Retour sur Ben. Il fait le même geste que Marco et un flash resurgit. Kyo live au même momentde la chanson (à lille). Retour sur Ben. Les lumières de la classe clignotent aussi en blanc. (cf Foo fighters) Marco dans son enclos panique il tape sur la porte. La musique pète, la porte tombe, Marco se retrouve dans la pièce avec tout le monde. Il est fou de joie. Ben chante de plus belle. Le jeune Marco libéré de ses angoisses grace à la musique rejoint son "double" (cf Dostoïevski) dans le même espace temps. Marco monte sur la table et slam sur le public. Shake camera à gogo. On alterne alors avec des images de live en surexposition.

La musique s'arrête. Marco et Ben se fond face. Sur les tables. Champs sur Ben. Contre champ sur Marco. Il semble regarder Ben droit dans les yeux. La camera recule. Marco est seul dans la pièce.

06/06/03

ET QUAND « DERNIÈRE DANSE » ARRIVE EN RADIO, C'EST UN MORCEAU QUI CARTONNE ENCORE PLUS.

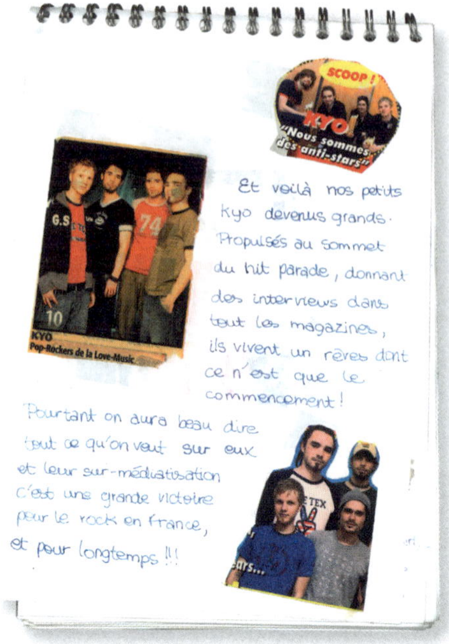

C'est un air que j'ai écrit alors que l'album était presque terminé. Je propose aux gars de le mettre en *hidden track* – les morceaux cachés sont très à la mode à cette époque-là – et d'en faire une chanson de remerciements pour toutes les personnes qui nous ont aidés. C'est premier degré, « merci, merci... », et probablement niais au possible. Je le joue à Jean-Christophe en pensant que ça le touchera lui, et nos autres collaborateurs dans la foulée. C'est le cas, bien sûr, mais il me renvoie gentiment chez moi en me demandant d'écrire un vrai texte et d'y associer un refrain. Je me remets au travail, un peu vexé. Et j'écris « Dernière Danse ». Lorsque toutes les chansons de l'album sont enregistrées, tout le monde est très enthousiaste concernant « Le Chemin » en premier single. Le label trouve que « Dernière danse » est une belle chanson, mais ne l'envisage pas en single, plutôt en face B du CD 2 titres avec « Le Chemin ». Yves-Michel les en dissuade afin de conserver la possibilité d'en faire le single suivant. Ça devient notre chanson la plus importante. Même aujourd'hui, tout le monde la connaît. Un soir, en sortant du concert d'un pote à la Cigale, on se retrouve avec quelques-uns de ses fans dans un karaoké à Pigalle. Je suis là incognito, je sirote mon verre au fond de la salle et j'entends les premières notes de « Dernière danse » partir. Tout le monde se lève, les barmen commencent à chanter, et je réalise que même ceux qui n'aiment pas Kyo, ou qui sont passés à côté, connaissent les paroles. C'est un sentiment étrange.

Tout s'enchaîne très rapidement. Le succès de l'album, les nominations, les

pluies de récompenses, les Victoires de la musique, les NRJ Music Awards. De la folie pure. On s'est souvent demandé ce qui pouvait avoir provoqué un tel engouement, à la fois des professionnels et du public. Peut-être ce mélange curieux entre rock US, pop et chanson française, et qui nous a valu aussi beaucoup de critiques. Dans les interviews, quand on me demande ce que j'écoute, je réponds Korn – un groupe de métal bien énervé – et Francis Cabrel. Bien sûr, il y a un peu de provocation, mais c'est vrai. L'identité du groupe s'est construite sur cette hybridité. Les gens avaient envie d'entendre cette musique-là, à ce moment-là. Je n'ai pas d'autre explication.

Généralement, dans l'industrie de la musique, les succès inspirent et font des petits. Cela n'a pas été le cas pour nous. Je n'ai vu aucun projet qui ait ressemblé ou essayé de ressembler à Kyo.

ON VIENT QUAND MÊME VOUS SOLLICITER POUR ÉCRIRE POUR LES AUTRES. POUR JOHNNY HALLYDAY, POUR AMEL BENT, POUR JENIFER… À CHAQUE FOIS, TU ESSAYES DE TE GLISSER DANS LA PEAU DU PERSONNAGE ?

Je ne me glisse jamais dans la peau de l'interprète. Toutes les chansons que je propose ont été écrites pour Kyo. C'est d'ailleurs pour cette « patte » que l'on fait appel à moi. On me demande « du Kyo », cela tient évidemment au fait que nous sommes numéro 1. Johnny, par exemple, s'est toujours entouré des artistes les plus en vue du moment.

Écrire pour les autres est un exercice assez facile parce qu'il demande peu d'implication une fois la chanson produite. Mais c'est aussi une expérience singulière car les chansons que tu donnes sont des chansons dont tu es fier ; l'objectif, c'est que ça marche. Il y a un moment où j'en ai eu marre de filer mes bonnes chansons. J'avais envie de les garder pour Kyo, de les chanter moi-même. Donc j'ai

arrêté. Aujourd'hui, j'écris à nouveau pour de jeunes artistes qui se lancent, c'est une manière de les soutenir. Et à titre personnel ça me permet d'être au contact d'une *vibe* plus actuelle, d'apprendre les nouveaux codes, les tendances émergentes. J'apprends beaucoup d'eux. La musique urbaine est arrivée dans le paysage musical et a bousculé les conventions, même chez les jeunes artistes pop. Certaines formules que l'on retrouve dans les chansons d'aujourd'hui ne me viendraient pas à l'idée ! Mais c'est le cours naturel des choses... Pour donner un exemple, Booba a supprimé les articles dans les phrases de ses chansons et c'est un procédé qu'on retrouve dans bon nombre de textes de jeunes artistes. Donc j'apporte mon expérience, mais j'apprends énormément. Je m'imprègne et je sais que ça ressortira d'une manière ou d'une autre. En revanche, je fais attention à ne pas tomber dans le jeunisme. Un mec de quarante-cinq ans qui parle comme un jeune de vingt ans, ça peut rapidement friser le ridicule.

Tournée Le Chemin,
2003-2004

Marshall

Tournée Le Chemin, 2003-2004

K Y O

VU HIER

C'était le grand soir de Kyo

■ TF 1, 20 h 55/NRJ MUSIC AWARDS. S'il est un reproche que l'on ne peut pas faire aux NRJ Music Awards, c'est de lésiner sur les stars. D'entrée de jeu hier, le (jeune) téléspectateur en a pris plein les mirettes avec Britney Spears en ouverture, Madonna en guest moins de quinze minutes plus tard et Kylie Minogue, tout en jambes et talons aiguille, dans la foulée. Ouf ! Une demi-heure après le début de ce show animé par Anthony Kavanagh, on se demandait ce que l'on pouvait encore attendre de la soirée. Quelles révélations ? Quelles surprises ? Quelles émotions ?

Rien de tout cela. Le défilé de tout ce que l'industrie phonographique compte comme plus gros vendeurs de disques a repris à un rythme soutenu : Dido (récompensée par deux Awards), Garou, Pascal Obispo, Hélène Segara, la Star Ac 3… Ceux qui ne chantaient pas étaient là pour remettre les récompenses, tels l'amoureux de Lorie Billy Crawford, Diam's, Christina Aguilera, Danii Minogue ou l'ex de « Popstars » Chimène Badi (cherchez l'intruse)… Parmi ceux-ci d'ailleurs, TF 1 avait glissé quelques-unes de ses recrues, passées ou futures. Ainsi a-t-on aperçu le boxeur Brahim Asloum et la chanteuse Ophélie Winter, anciens de « Nice People », ou fait la connaissance de l'héroïne de la saga de l'été prochain, Claire Keim. Faut-il en déduire que le comédien Patrick Timsit, l'épouse de Johnny, Laeticia Hallyday, et le rugbyman Fabien Galthié, présents eux aussi, vont faire les beaux jours d'une prochaine émission de télé réalité ?

Kavanagh en petite forme

De fait, l'ensemble du spectacle cannois semblait avoir été parfaitement calibré. Echange de bons procédés, NRJ apportait ses vedettes pour 15-24 ans (Kyo, quatre fois récompensé) et TF 1 la vitrine de son puissant prime time. Des artistes dont l'aura rejaillissait au passage sur un Anthony Kavanagh moyennement drôle et inspiré, comme le prouvaient son imitation de Marc-Olivier Fogiel ou sa remarque sur le mariage de Britney Spears…

Le jeune fan, lui, devant sa télé, a vu ses artistes préférés en chair et en os, a fredonné toute la soirée sur leurs tubes, senti son père bluffé par l'énergie de Beyoncé et sa mère charmée par les petits de Blue ou de Kyo. Il a même réussi à verser une petite larme devant celles de la toujours mignonne Jenifer (« Star Ac 1 »), élue artiste féminine francophone de l'année. Surtout, il ne s'est pas ennuyé une seule seconde. Il s'est même couché en se disant que, pour une fois, la télévision avait son âge. Et ça, ça n'arrive quand même pas si souvent.

AUDE DASSONVILLE

CANNES, HIER SOIR. *Benoît, le chanteur du groupe, peut brandir triomphalement son trophée, les quatre jeunes Franciliens de Kyo ont raflé pas moins de quatre prix hier soir à la grand-messe de la chanson de variété.* (AP/BRUNO BEBERT.)

« Quatre récompenses, c'est incroyable ! »

BENOIT, le chanteur du groupe

AVEC QUATRE récompenses, *les quatre membres du groupe Kyo, originaires des Yvelines, sont les* grands gagnants de cette cinquième édition des NRJ Music Awards grâce à leur album « le Chemin », sorti le 14 janvier 2003. Nous avons recueilli les réactions du guitariste Florian et du chanteur Benoît alors qu'ils sortaient de scène.

Alors, heureux ?

■ Florian. Je ne comprends pas ce qui nous arrive. A la quatrième récompense, le cameraman s'est posé à côté de moi et m'a dit : *T'en a pas marre ?*

■ Benoît. J'espérais au moins une récompense. Quatre, c'est incroyable. On sentait dans la salle que le public nous avait choisis.

Comment envisagez-vous la suite des événements ?

■ Florian. Nous sommes en tournée jusqu'en février. Ensuite, deux semaines de vacances. Puis nous allons louer une maison en Bretagne, y installer tout notre matériel et travailler sur un nouvel album.

■ Benoît. Dès le mois d'avril, en fait. Lorsqu'on est récompensés, c'est la preuve que le public attend notre prochain disque.

Comment expliquez-vous votre succès actuel ?

■ Florian. Je pense que nous écrivons des chansons qui plaisent à tout le monde. Cette semaine, nous avons joué devant plus de 8 000 personnes à Marseille. C'était incroyable. J'ai l'impression que notre public s'élargit de plus en plus.

■ Benoît. Les gens ont de nouveau envie d'entendre des guitares. Il y a eu le rap et le R'n'B et, désormais, le rock redevient à la mode. C'est cyclique.

PROPOS RECUEILLIS PAR SÉBASTIEN CATROUX

LE PALMARÈS

- Révélation francophone **Nolwenn Leroy**
- Révélation internationale **Evanescence**
- Artiste masculin francophone **Calogero**
- Artiste masculin international **Justin Timberlake**
- Artiste féminine francophone **Jenifer**
- Artiste féminine internationale **Dido**
- Chanson francophone **Kyo et Sita,** « le Chemin »
- Chanson internationale **Blue,** « Sorry Seems to be the Hardest Word »
- Album francophone **Kyo,** « le Chemin »
- Album international **Dido,** « Life for Rent »
- Groupe/duo francophone **Kyo**
- Groupe/duo international **Linkin'Park**
- Site Internet musical **Kyo** (www.kyomusic.com)

DANS LES COULISSES DU PALAIS

CANNES (ALPES-MARITIMES)
DE NOTRE ENVOYÉ SPÉCIAL

■ Beyoncé se déplace pour Madonna. Alors qu'elle ne faisait que passer en coup de vent à Cannes (atterrissage hier matin et décollage dès aujourd'hui), Beyoncé souhaitait, juste avant le début de la cérémonie, saluer Madonna. Qu'à cela ne tienne, a fait alors répondre la madone, à condition que l'ex-Destiny's Child se déplace. Pas bégueule, Beyoncé a quitté sa loge pour prendre l'ascenseur et discuter quelques instant, dans la salle, avec Madonna.

■ Nolwenn félicitée. Juste après être montée sur scène pour être couronnée « révélation francophone de l'année », Nolwenn Leroy a reçu un coup de fil de Laurent Voulzy. L'auteur-compositeur, qui écrit le prochain album de la lauréate de « Star Academy », tenait à la féliciter pour son prix.

■ Christina Aguilera capricieuse. Le confort ne tient pas à grand chose. Lorsque Christina Aguilera est arrivée au Palais des festivals, elle a exigée que la porte de sa loge soit remplacée par un rideau noir. Explication : l'Américaine souffre de claustrophobie. Une fois installée, elle a constaté que ladite loge était bien plus petite que celle de Britney Spears. Résultat, après avoir songé à rentrer à l'hôtel, elle a traîné dans les coulisses, assistant notamment aux facéties de Pascal Obispo déguisé en Michel Polnareff.

■ Un nouveau surnom pour Britney. Alors que Madonna rejoignait la scène pour recevoir son trophée, elle s'est exclamée : « Mais où est donc *baby-girl ?* » Tel est le nouveau surnom attribué par la star à sa benjamine Britney Spears.

■ TF 1 se dégonfle. À droite et à gauche du grand escalier du Palais des festivals de Cannes trônait hier soir un ballon NRJ et un autre aux couleurs de TF 1. Tassés derrière et mécontents de ne rien voir du spectacle, des spectateurs ont crevé le ballon qui portait le sigle de la Une, qui s'est lamentablement affaissé.

■ Incident sur les marches du Palais. Tandis que Madonna montait les marches du Palais des festivals, deux cameramen accrédités par NRJ ont tenté, DV à la main, d'approcher la star. Bien mal leur en a pris : visiblement non prévenu, un membre de la sécurité s'est précipité pour les plaquer au sol. Chaude ambiance…

SÉBASTIEN CATROUX

CANNES, HIER SOIR. *Madonna a retrouvé sa nouvelle grande copine Britney Spears, qu'elle surnomme maintenant Baby girl.* (AFP/DSK.)

A partir du lundi 26 janvier

France : ces musulmans qui ont réussi leur intégration

Toute la semaine, découvrez notre série sur l'intégration des musulmans de France avec des témoignages, des reportages, des interviews… UN RENDEZ-VOUS le Parisien

32 DIMANCHE 25 JANVIER 2004

Le Parisien, 2004

IL Y A LE SUCCÈS DE L'ALBUM, MAIS IL Y A AUSSI UNE TOURNÉE GIGANTESQUE, DES CONCERTS QUI S'ENCHAÎNENT, ET UN ENGOUEMENT DU PUBLIC AU-DELÀ DE CE QUE VOUS AURIEZ PU IMAGINER.

L'amour que nous renvoient les fans lorsque nous sommes sur scène est indescriptible. On nous jette des peluches et des strings. Le grand écart est intéressant ! On a tous à l'esprit le phénomène des groupies des grands groupes, comme les Beatles, les Stones, les Doors, et les images de femmes déchaînées devant Jim Morrison. Et c'est ce que nous vivons. Mais comme j'ai rencontré ma femme à seize ans, il n'y a aucune tentation. Et puis cette idée de la fan prête à tout pour le chanteur… c'est bizarre, malsain. À la sortie des concerts, on signe des autographes derrière les grillages. Les premières fois, c'est incroyable. Après on s'habitue, même si on y prend toujours du plaisir.

Rock One
Hors série KYO,
2004

IL Y A AUSSI LES PETITS MOTS DES FANS JETÉS SUR SCÈNE. ET DES ADOS QUI VOUS DISENT MERCI « DE M'AVOIR SAUVÉ LA VIE ».

Nous avons entendu cela des milliers de fois. Les chansons *Je saigne encore* – « je saigne encore, je souris à la mort » – et *Je cours*, qui parle du harcèlement, ont particulièrement touché les ados. Ils se reconnaissent dans les textes et y trouvent un réconfort. Mais quand un jeune te dit : « J'ai failli passer à l'acte et si vous n'étiez pas dans ma vie je l'aurais fait », tu es désarmé. Que peux-tu répondre à ça ? Alors je ne dis rien, je les prends dans mes bras. C'est très difficile à entendre et à porter. Pour autant, je le comprends. Je n'ai jamais eu de pensées aussi sombres, mais la musique m'a énormément aidé et continue d'être une béquille lorsque je traverse des périodes difficiles.

VOUS ÊTES EN PLEIN SUCCÈS, DANS LE TOURBILLON MÉDIATIQUE, AVEC LES CONCERTS QUI S'ENCHAÎNENT, ET VOUS DEVEZ DÉJÀ PENSER AU PROCHAIN ALBUM. AVEC L'ENJEU DE NE PAS DÉCEVOIR LE PUBLIC.

On enchaîne assez rapidement entre la fin de la tournée du *Chemin* et l'enregistrement de *300 lésions*. Dans ce nouvel album, on s'autorise plus de libertés artistiques, c'est ce qui me plaît. On est fiers d'avoir placé sur les radios *mainstream* des morceaux comme « Contact », qui flirte avec le néo-métal, et « Sarah », qui aborde des thèmes très durs. On est portés par la volonté de démocratiser une musique qui n'est pas spécialement populaire.

Récemment, dans un concert de Tool, un groupe de métal progressif très « niche » mais qui rassemble une grande communauté, j'ai croisé des mecs qui étaient là parce qu'ils étaient fans de Kyo

dans leur jeunesse et que j'avais parlé de Tool dans plusieurs de mes interviews. On a essuyé des critiques, mais on a aussi influencé beaucoup de gamins : certains ont commencé la guitare et la batterie parce qu'ils écoutaient Kyo. Et bien que nous ayons divisé le score du *Chemin* par deux, *300 lésions* s'est quand même vendu à 600 000 exemplaires. Nous sommes contents de proposer un album décomplexé, qui nous ressemble, et qui rencontre tout de même un succès phénoménal, renforcé par une tournée complète.

ON S'INTERROGE PARFOIS SUR LE THÈME DE CERTAINES CHANSONS…

Certains titres n'ont pas de thème, je suis même incapable de dire de quoi je parle. C'est le cas de « Contact ». C'est l'énergie qui l'emporte, le contact avec le riff. Et ça marche de fou sur scène. Le deuxième morceau de l'album, « Dans ma chair », est aussi une série de phrases qui n'ont ni queue ni tête. Ce sont des flashs, des punchlines que je note et que je déroule. Flo, lui, réussit à les analyser ! Je suis un très grand admirateur de Bertrand Cantat. Il a bercé ma jeunesse. À sa place, j'aurais probablement

Rock One Hors série KYO, 2004

continué à sortir des disques, mais je ne serais pas remonté sur scène. Je n'aurais pas pu être applaudi après un drame dont je me serais rendu coupable. Il n'empêche qu'il a un immense talent d'écriture. Ses textes sont parfois indéchiffrables, pourtant chaque mot vient toucher le cœur...

IL Y A L'IMPORTANCE DES TEXTES, MAIS IL Y A AUSSI L'ÉMOTION SUSCITÉE PAR LA MUSIQUE...

Oui, une mélodie ou un son, au même titre que certaines paroles, peuvent te procurer du bien-être en mettant le doigt sur quelque chose que tu ressens et que tu n'as pas pu exprimer. On écoutait des groupes anglo-saxons dont on ne comprenait pas toujours les paroles, mais ça ne nous empêchait pas de vivre des émotions très fortes. Quand tu te balades dans la rue, écouteurs dans les oreilles, tu n'as pas la même démarche selon la musique que tu écoutes. Tu peux bomber le torse ou baisser les yeux et regarder tes pieds. Le pouvoir de la musique est incroyable. Je ne parle pas des mots. Juste de l'énergie.

Olympia 1re partie Mayane Delem, 2003

Kyo Olympia

QUELQUES ANNÉES PLUS TARD, DANS LA CHANSON « POUPÉES RUSSES », TU FAIS ALLUSION À CETTE ÉPOQUE DE L'ALBUM *300 LÉSIONS* ET TU ÉCRIS : « IL Y A LE POINT DE CONTACT ET LE POINT DE RUPTURE, ET DANS LA RUE LE MANQUE DE TACT ET IL Y A LES INJURES ». C'EST TA VIE DU MOMENT ? AVEC DES GENS QUI VOUS AIMENT, DES GENS QUI VOUS DÉTESTENT ?

© Mark Maggiori

Il n'y a pas d'école de la notoriété, on ne nous apprend pas à gérer les conséquences d'une soudaine célébrité. Je le vis très mal. Dans la même rue je peux tomber sur des personnes qui me voient comme un dieu et sur d'autres qui me considèrent comme un moins-que-rien et me le disent ouvertement. Je suis galvanisé par les premiers, je rougis même un peu, et la minute suivante je suis pétrifié face à la haine ou au mépris violent que je reçois. Les autres membres du groupe sont moins frappés par ce phénomène d'agressivité. Flo avec ses dreads, il est cool. Mais, moi, le petit blond, je suis tagué chanteur à minettes…

Je compense par un *life style* décadent : soirées hardcore, bagarres, picole… Quelque part, j'essaie de prouver que je suis bien plus rock que ce chanteur à groupies auquel on m'identifie. C'est puéril. Les autres s'inquiètent de me voir prendre un mauvais chemin. Pendant l'enregistrement de l'album *300 lésions*, je débarque souvent en studio dans un état qui n'est ni très opérationnel ni très professionnel. Mais je suis entouré de groupes de rock et de groupes de métal pour qui la débauche, c'est la vie, et je n'arrive pas à sortir de l'engrenage. J'atteins la limite au moment où nous

Mark Maggiori

décidons de faire une pause. D'ailleurs, cela a contribué à ce choix.

ET TA FEMME, COMMENT RÉAGIT-ELLE ?

Je pense qu'elle en souffre. Il y a le pendant glamour et agréable, les soirées auxquelles nous sommes invités, les stars que nous côtoyons. Et le pendant *dark*, qui ne la fait pas marrer du tout. C'est elle qui me remet dans le droit chemin. Elle est l'empathie faite femme. Au-delà de sa beauté, c'est sa douceur, sa gentillesse et son humanité qui m'ont plu chez elle, parce que j'avais justement perdu toutes ces qualités. À son contact, je m'ouvre à nouveau aux autres, j'arrête la provocation gratuite. Pour le dire autrement, j'ai envie de lui ressembler. Elle m'a rendu meilleur. Je lui dois beaucoup.

© Mark Maggiori

ark Maggiori

© Mark Maggiori

© Mark Maggiori

© Mark Maggiori
©2006 | Marc Maggiori

INTERVIEW
Florian Dubos

TE SOUVIENS-TU DE TA PREMIÈRE RENCONTRE AVEC LA MUSIQUE ET CE QUI T'A DONNÉ ENVIE DE PRATIQUER UN INSTRUMENT ?

Il y avait quelques instruments qui traînaient à la maison, un orgue et deux ou trois guitares appartenant à mon père. Il en jouait de temps en temps le week-end. La musique faisait partie de notre environnement mais ne nous était pas imposée. Nous écoutions beaucoup de morceaux anglo-saxons mais nos répertoires étaient variés. Michel Berger et Daniel Balavoine passaient souvent à la maison, je me souviens qu'avec mon frère, on écoutait en boucle la chanson *Je te donne* de Jean-Jacques Goldman. Vers l'âge de dix ans, mon frère, lui, en avait douze, on a décidé de prendre des cours de musique. Je ne sais plus quel en a été le déclencheur. J'ai choisi la guitare et lui la batterie.

QUELS SONT TES PREMIERS SOUVENIRS DE GROUPE (LA RENCONTRE, LES RÉPÉTITIONS, LES CONCERTS...) ?

L'initiative est venue de Nico. Il était dans la même école que mon frère et moi. Il a d'abord proposé à Fabien de monter un groupe mais je me suis incrusté très rapidement. Leurs répétitions avaient lieu dans notre grenier. Un jour, alors que je traînais dans la maison et que j'entendais résonner des partitions que je connaissais, je les ai rejoints. Ça a tout de suite fonctionné et leur duo est devenu notre trio. La première année, on a donné quelques petits concerts dans notre école. La suivante, Ben est arrivé dans la classe de Fabien, on cherchait un bassiste et il s'est déclaré bassiste ! Dès la première répétition à quatre chez Nico, ça a matché ; on a même dormi chez lui, imaginez quatre ados se raconter des conneries toute la nuit... c'était le début du groupe.

TU ÉCRIS ET INTERPRÈTES DES CHANSONS DANS LA MAJORITÉ DES ALBUMS DE KYO, QUEL EST TON RAPPORT À L'ÉCRITURE ?

J'aime créer des prods, écrire des mélodies et des textes aussi. L'écriture de texte ne fait pas partie de mes activités quotidiennes mais souvent des paroles viennent avec une mélodie, comme un thème, une histoire qui s'imposent d'eux-mêmes, ou l'envie d'exprimer un sentiment.

QUEL REGARD PORTES-TU SUR LES CHANSONS DU PREMIER ALBUM ?

Sur le premier album, certaines chansons sont immatures tant dans l'approche musicale que dans les textes et les arrangements. Mais des titres comme « C'est ma faute », « Fermons les yeux » ou « Regardez-moi » sont intéressants parce qu'ils introduisent un ton, une identité, et vont orienter les chansons

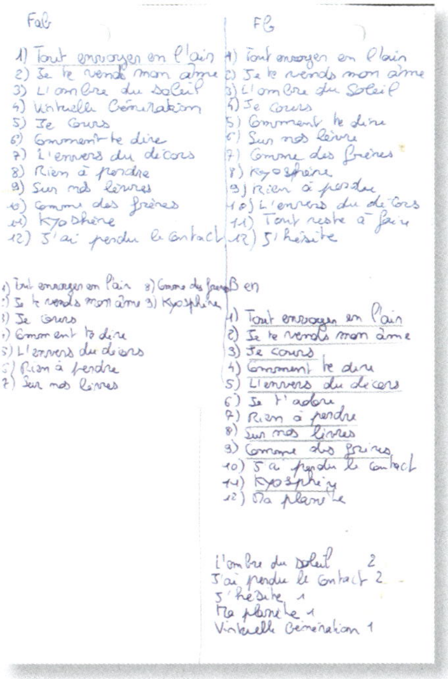
Fab
1) Tout envoyer en l'air
2) Je te vends mon âme
3) L'ombre du soleil
4) Virtuelle Génération
5) Je cours
6) Comment te dire
7) L'envers du décors
8) Rien à perdre
9) Sur nos lèvres
10) Comme des frères
11) Kyosphère
12) J'ai perdu le contact

FB
1) Tout envoyer en l'air
2) Je te vends mon âme
3) L'ombre du Soleil
4) Je cours
5) Comment te dire
6) Sur nos lèvres
7) Comme des frères
8) Kyosphère
9) Rien à perdre
10) L'envers du décors
11) Tout reste à faire
12) J'hésite

1) Tout envoyer en l'air 8) Comme des frères
2) Je te vends mon âme 9) Kyosphère
3) Je cours
4) Comment te dire
5) L'envers du décors
6) Rien à perdre
7) Sur nos lèvres

1) Tout envoyer en l'air
2) Je te vends mon âme
3) Je cours
4) Comment te dire
5) L'envers du décors
6) Je t'adore
7) Rien à perdre
8) Sur nos lèvres
9) Comme des frères
10) J'ai perdu le contact
11) Kyosphère
12) Ma planète

L'ombre du soleil 2
J'ai perdu le contact 2
J'hésite 1
Ma planète 1
Virtuelle Génération 1

Votes pour la tracklist de l'album
Le Chemin, 2002

Partition violon du titre
Je n'veux pas oublier

d'après. Ce premier album, c'est aussi la première expérience de studio, un apprentissage qui me permettra d'être plus préparé, plus précis pour l'album suivant. Et puis ce sont les Zéniths pleins en première partie de David Hallyday et Pascal Obispo, là aussi, je vous assure que c'est formateur...

COMMENT VIS-TU LA PAUSE DU GROUPE, À LA FIN DE LA TOURNÉE DE L'ALBUM *300 LÉSIONS* ?

La pause n'en a pas été vraiment une puisqu'on a monté le groupe Empyr avec Ben, Jocelyn, Fred Duquesne (ex-Watcha) et Benoit Julliard (ex-Pleymo). Deux albums, deux tournées. C'était une expérience incroyable, l'opportunité de créer et jouer avec des personnes différentes et dans d'autres pays, d'enregistrer dans des studios à Los Angeles, etc... On a beaucoup appris pendant ces années et ça a été très enrichissant d'un point de vue artistique.

Magazine Stars Ambition, 2005

INTERVIEW EXCLUSIVE !

300 LÉSIONS

Ils sont enfin de retour avec "Contact", premier single extrait de leur troisième album, "300 lésions". Nous avons retrouvé Ben et Fab chez « Pierre » un café situé à deux pas de chez BMG pour écouter les premiers titres (on est des veinards) et discuter un peu autour d'un verre, comme au bon vieux temps. Attention, les Kyo nouveaux sont arrivés !

5 novembre 2004 chez Pierre, quartier de la Bourse à Paris

Alors ? Quel effet ça fait d'être en pleine rentrée ?
Ben : On reprend les bonnes habitudes !

Vous flippez ou pas ?
Fab : On est beaucoup plus à l'aise que pour la sortie de notre album précédent.

Ah bon ? Pour le précédent, vous m'aviez dit qu'il allait déchirer. Ça ne sentait pas trop le trac...
Fab : C'est vrai... De plus, on avait raison parce qu'il a vraiment déchiré. Et celui-là c'est pareil, il va déchirer !

Et comment s'appelle-t- il ?
Ben : "300 lésions", car la tournée, la célébrité, laissent forcément des lésions. On aimait bien l'idée de ne pas choisir le nom d'une chanson.

En tout cas, il est différent du précédent. A part peut-être "Qui je suis"...
Ben : Carrément ! C'est l'histoire que l'on a vécue l'année dernière. Pour moi, la phrase la plus importante à retenir de la chanson, c'est *"aujourd'hui j'ai peur de vivre, demain j'aurai peur qu'on m'oublie"*. C'est un peu énervant quand on vient te voir dans la rue à longueur de temps, mais si demain personne ne vient plus me voir, si personne ne me reconnaît, là ça m'énervera carrément. Ce qu'on aime c'est : écrire des chansons, faire des albums et des concerts. Il y a vraiment toute une partie de la célébrité que je trouve exécrable... Et ça s'accentue avec le temps.
Fab : Au début, ce n'est pas désagréable. De temps en temps, des gens te croisent dans la rue et te disent : "J'aime beaucoup ce que vous faites".
Ben : Au début, on adorait ça.
Fab : Le problème est que, maintenant, tu marches dans la rue et un mec te met une tape dans le dos en te disant : "Ca va, toi ?" Mais ce mec, je ne l'ai jamais vu de ma vie moi, je ne sais pas qui c'est !!! Ça fait bizarre. Les gens nous demandent beaucoup de choses, sans doute parce qu'on est plutôt gentils. Ils nous proposent de monter chez eux boire un verre ou ils nous demandent des places de concert. Une fois, je suis entré dans une boutique pour acheter des chaussures avec ma copine. La vendeuse s'est mise à crier... Elle ne s'arrêtait plus. Elle faisait un tel raffut que tout le monde est venu voir ce qu'il se passait. On a dû partir, et on n'a jamais acheté les chaussures... C'est super difficile à gérer. Tu ne sais pas forcément comment réagir. Il y a le côté positif de ceux qui te reconnaissent et qui te font un signe... Mais on a aussi notre vie. Si je les appelais tout le temps pendant qu'ils font une course, ou autre, ça les saoulerait vite.
Ben : Je crois qu'on va se spécialiser en « lunettes-moustaches »... Mais sans rire, il y a une sorte de décalage entre la manière dont les gens se sentent proches de nous et ce qu'on a envie de vivre dans la vie de tous les jours. D'un autre côté, on fait ce que l'on voulait faire, on vit notre musique à fond. On se lève le matin en étant content... Mais j'ai hâte de partir en tournée parce que là, quand tu croises quelqu'un dans la ville, comme il y a des affiches partout, ça lui paraît plus normal.
Fab : Et puis on en a marre d'être en studio. Recommencer la même chanson... On a envie de repartir sur les routes.
Ben : Alors qu'à la fin de la tournée, on était tellement crevé qu'on ne pensait qu'à entrer en studio.

Et vous avez bien bossé ?
Ben : A mon sens, il y a vraiment de gros singles potentiels.

Il y a aussi des titres assez doux, comme "Révolution", l'un des trois titres chantés par Florian...
Ben : Dans l'album, c'est une pause pour nous. Une respiration. Il faut varier les plaisirs. D'ailleurs, quand tu écoutes les textes les uns après les autres, tu te rends compte qu'ils sont tous très différents.

Et les guitaristes se sont fait plaisir !
Fab : C'est clair ! Mais, je me suis fait plaisir à la batterie aussi...

On a l'impression que vous avez décidé d'aller plus dans le rock...
Ben : Tu as vu ce que ça donnait sur scène ? Eh bien cet album est le prolongement de notre tournée. C'est l'orientation que l'on voulait se donner. Mais c'est toujours Kyo. Dans "Contact", par exemple, notre nouveau single, il y a de grosses guitares mais le phrasé dans le couplet se rapprocherait d'un truc hip hop, un peu comme dans " Je cours " ou dans " Pardonner ". On aime ça. Par rapport à d'autres groupes qui sont très rock français, on avait envie de mettre des guitares costaudes, de la batterie rock'n'roll tout en ayant toujours cette petite particularité qui j'espère nous distinguera des autres.
Il y a toujours les textes et la mélodie estampillés Kyo...
Ben : C'est vrai, les refrains restent Kyo. Enfin je crois...

Il y a "Respire" que vous chantiez sur scène pendant votre dernière tournée...
Fab : Cette chanson a une belle énergie. En studio, on l'a faite en une prise et dans les conditions du live. Je trouve qu'on y sent justement l'énergie live que l'on a rapportée de cette tournée. De là découlent tous les autres morceaux un peu énervés.

Et « Sad Day » ?
Ben : C'est le troisième morceau rock de l'album avec "Contact" et "Respire". On s'est autorisé quelques mots d'anglais dans le refrain. Il y a aussi "Dans ma chair" qui n'est pas très rock, mais assez progressif, et qui n'est pas construite en couplet refrain couplet refrain. Le refrain arrive très tard mais tu entres dedans. C'est atypique mais ça te martèle la tête. C'est assez hypnotisant. On était presque parti pour en faire le premier single avant que "Contact" n'arrive On hésitait aussi avec "Sad Day" qui est une des rares chansons d'amour de l'album.

Pourtant, dans "Sarah", vous parlez d'amour !
Fab : Pas aussi directement. On parle d'amour aussi, mais de toute la vie de Sarah.

Et qui est-elle cette Sarah ?
Ben : Une jeune fille dont on raconte l'histoire. On ne donne pas son nom parce que ça ne serait pas cool. Et puis, Sarah est un joli prénom. Huguette, ça aurait fait crado !

Et quand vous dites que vous parlez d'amour, c'est de sentiments ou de sexe ?
Fab : Ben... les deux !
Ben : A un moment, on dit : *"ce soir nos deux corps se mêlent, fiers d'une étreinte parfaite"*...

Ça reste quand même poétique...
Fab : Je crois qu'on dit aussi " *gros zizi* " à un moment...

Ça pourrait arriver un jour ?
Ben : Non, je ne le pense pas...
Fab : Dire des gros mots dans les chansons ? Je n'ai rien contre les injures, à condition que ce ne soit pas gratuit - ce qui est souvent le cas. Quand il y a un contexte, pourquoi pas ?
Ben : Il est clair qu'on finira par aller plus loin.

En tout cas, autant votre album précédent transpirait le mal-être, autant les textes sont positifs dans celui-ci !
Ben : C'est très lié à ce qu'on vit. Quand on a écrit les chansons du "Chemin", on était dans une période difficile. On sortait d'un album qui n'avait pas du tout marché, on était totalement inconnus. On a parlé de choses qui nous touchaient à ce moment-là, très tournées vers les relations amoureuses.

Et qui vous ont donné une image de romantiques...
Fab : On l'est, mais on n'est pas que ça.
Ben : On a accompli quelque chose. Et on s'est aperçu qu'il était possible de parler de choses qui nous dérangeaient - d'en parler en disant que *certaines choses nous paraissent inaccessibles, alors que c'est faux*. En ayant des convictions, une vraie énergie et en étant persévérants, on peut accomplir des trucs. Nous on a envie de dire : « effectivement ça ne va pas, mais on est là pour que ça change ».
Fab : On a un propos plus direct, un constat, tout en décidant de se donner la peine d'aller plus loin.

Le contact avec le public vous a-t-il inspiré ?
Ben : C'était fort pendant la tournée ! Mais je ne crois pas qu'ils nous aient donné envie de passer un message collectif. Notre démarche a été beaucoup plus personnelle que ça. C'est ce que les gens ont aimé chez nous. Ils ont aimé que l'on raconte des trucs que l'on res-

KYO KYO KYO KYO KYO KYO KYO KYO KYO KYO KYO KYO KYO

STARS AMBITION
CADEAU: POSTER GÉANT
KYO
KYO SPHERE
EXCLUSIF
INTERVIEW
300 LÉSIONS!
SCOOP!
LE TOURNAGE
DU CLIP
CONTACT
LE GRAND RETOUR DE
KYO
WWW.STARSAMBITION.COM
M 07951 - 4 - F: 3,90 € - RD

TITRE DE L'ALBUM

KYO

ANNÉE

2000

IL EST TEMPS

Oh, que restait-il
De nos rires aux éclats
De la confiance en l'avenir
De nos rêves d'autrefois ?
Oh non, quelques jours
Peut-être plus longtemps
On était tous les deux pour
Se séparer un moment
Plus le temps passe
Et plus j'ai peur
De perdre ma place
Au sein de ton cœur

Il est temps pour nous de déposer les armes
La nuit nous appartient
Laisse-la nous dire ce qu'on devient
Il est temps pour nous de raviver la flamme
Je n'ai plus que mes larmes
Car la vie perd tout son charme sans toi...

Toi
Au début
On n'fait pas la différence
On respire, on n's'en fait plus
Puis on se lasse du silence
Oh non, ces parfums
Me reviennent et me hantent
Comment apprécier la vie
Quand c'est toi qui me manques
Plus le temps passe
Et plus j'ai peur
Que tu ne m'effaces
Un peu plus d'heure en heure

Il est temps pour nous de déposer les armes
La nuit nous appartient
Laisse-la nous dire ce qu'on devient
Il est temps pour nous de raviver la flamme
Je n'ai plus que mes larmes
Car la vie perd tout son charme sans toi
(La vie perd tout son charme sans toi)

Il est temps pour nous de déposer les armes
La nuit nous appartient
Laisse-la nous dire ce qu'on devient
Il est temps pour nous de raviver la flamme
Je n'ai plus que mes larmes
Car la vie perd tout son charme sans toi
Il est temps pour nous de déposer les armes

La nuit nous appartient
Laisse-la nous dire ce qu'on devient
Il est temps pour nous de raviver la flamme
Je n'ai plus que mes larmes
Car la vie perd tout son charme sans toi
Oh il est temps, oh il est temps
Laisse-la nous dire ce qu'on devient...

MES RACINES ET MES AILES

Cette impression que nous avons
d'avoir changé
Quand la raison ne compte plus comme
elle comptait
Quand un prénom met d'la chaleur
dans nos pensées
Qu'on n'est plus seul, jamais

Comme une revanche inespérée
Comme une urgence à partager
Une évidence en moi se fait

J'ai découvert en elle
J'ai découvert mes racines et mes ailes
Dans son rire et ses yeux, l'essentiel

J'ai découvert en elle
J'ai découvert ma terre et mon ciel
Une attache à nulle autre pareille

Mes racines et mes ailes qui font
De notre histoire, de nos regards
un trait d'union
Et de mes chaînes ma liberté sans conditions
Et ma plus belle prison

Comme une revanche inespérée
Comme une urgence à partager
Une évidence en moi se fait

J'ai découvert en elle
J'ai découvert mes racines et mes ailes
Dans son rire et ses yeux, l'essentiel
J'ai découvert en elle
J'ai découvert ma terre et mon ciel
Une attache à nulle autre pareille

J'ai découvert en elle
J'ai découvert mes racines et mes ailes
Dans son rire et ses yeux, l'essentiel
J'ai découvert en elle
J'ai découvert ma terre et mon ciel
Une attache à nulle autre pareille

J'ai découvert en elle
J'ai découvert mes racines et mes ailes
Dans son rire et ses yeux, l'essentiel
J'ai découvert en elle
J'ai découvert ma terre et mon ciel
Une attache à nulle autre pareille

JE N'VEUX PAS OUBLIER

Ce n'est plus l'espoir, c'est l'ennui qui fait vivre
Combien de temps avant qu'on nous délivre, yeah
Où trouver la force, l'énergie nécessaire
Pour mener sa vie à sa manière
Y a-t-il seulement quelqu'un qui rêve
Et toi si tu m'entends, sache que moi non plus
je n'veux pas oublier

Yeah, yeah, yeah
Je n'veux pas oublier
Yeah, yeah yeah
Qu'on est encore en vie
Qu'on a encore envie, que tout n'est pas fini
Ne laissons pas mourir
Ce feu dans nos veines, la vie mérite qu'on
l'aime

Les regards sont vides, les couleurs
deviennent pâles
L'amour se lasse de n'être plus vital, yeah
Dans l'indifférence, je sens que se meurt
L'étincelle qui animait nos cœurs
Y a-t-il seulement quelqu'un qui rêve
Et toi si tu m'entends, sache que moi non plus
je n'veux pas oublier

Yeah, yeah, yeah
Je n'veux pas oublier
Yeah, yeah yeah
Qu'on est encore en vie
Qu'on a encore envie, que tout n'est pas fini
Ne laissons pas mourir
Ce feu dans nos veines, la vie mérite
qu'on l'aime
Moi non plus je n'veux pas oublier

Yeah, yeah, yeah
Je n'veux pas oublier
Yeah, yeah yeah
Qu'on est encore en vie
Qu'on a encore envie, que tout n'est pas fini
Ne laissons pas mourir
Ce feu dans nos veines, la vie mérite
qu'on l'aime

Yeah, yeah, yeah
Je n'veux pas oublier
Yeah, yeah yeah
Qu'on est encore en vie
Qu'on a encore envie, que tout n'est pas fini
Ne laissons pas mourir
Ce feu dans nos veines, la vie mérite
qu'on l'aime

LA VÉRITÉ NOUS MENT

Tu sais le monde a peut-être raison
De ne pas se poser trop de questions
De continuer à vivre
De continuer à croire
Que ce n'était pas à toi de dire la fin de l'histoire

Faut pas que tu t'accroches
À ta solitude
Je connais cet endroit, cette habitude
Faut pas que tu t'attendes à décrocher la lune
La vérité nous ment
Parfois elle se dénude
Parfois elle se dénude

C'est vrai ça ressemble à l'amour qui s'en va
Mais derrière lui les traces ne s'effacent pas
Ce qu'il te laisse, tu finiras sûrement
Par l'accepter même, en faisant semblant

Faut pas que tu t'accroches
À ta solitude
Je connais cet endroit, cette habitude
Faut pas que tu t'attendes à décrocher la lune
La vérité nous ment
Parfois elle se dénude
Parfois elle se dénude

Tu peux mentir ça ne servira à rien
Les mensonges en série on n'en voit jamais la fin
Maintenant tu peux contempler le ciel
Et t'avouer que t'as connu plus fidèle

Faut pas que tu t'accroches
À ta solitude
Je connais cet endroit, cette habitude
Faut pas que tu t'attendes à décrocher la lune
La vérité nous ment
Parfois elle se dénude
Parfois elle se dénude

UN SOURIRE AUX ANGES

À peine sorti de mon sommeil
J'ai l'impression que tu m'appelles
C'est le moment d'en avoir le cœur net
Selon le rituel je m'avance
Tu sais à force on perd confiance
J'avais raison ta chambre est vide
On verra bien demain
Si proche je te sens
Dis-moi seulement
Pourquoi t'es parti

Pour un sourire aux anges
J'ai grandi sans toi
Trop longtemps je crois
Pour un sourire aux anges
Est-ce si beau là-bas
Pour que tu n'me reviennes pas
Pour un sourire aux anges

Maman n'a jamais raconté
Un semblant d'histoire ou de vrai
Seulement que t'as fait ton choix
Mais t'as choisi pour moi
Je serais même prêt tu m'entends
À faire les Indiens tout le temps
C'est la promesse d'un frère
Et ça crois-moi, ça compte tellement
Si proche je te sens
Dis-moi seulement
Pourquoi t'es parti

Pour un sourire aux anges
J'ai grandi sans toi
Trop longtemps je crois
Pour un sourire aux anges
Est-ce si beau là-bas
Pour que tu n'me reviennes pas
Pour un sourire aux anges

Pour un sourire aux anges
J'ai grandi sans toi
Trop longtemps je crois
Pour un sourire aux anges
Est-ce si beau là-bas
Pour que tu n'me reviennes pas
Pour un sourire aux anges

Pour un sourire aux anges
J'ai grandi sans toi
Trop longtemps je crois
Pour un sourire aux anges
Est-ce si beau là-bas
Pour que tu n'me reviennes pas
Pour un sourire aux anges

TELLE EST MA PRIÈRE

Le temps me vole ce que j'ai de plus cher
Dans mes souvenirs tu rigoles et tu fais tourner la terre
Ce qui me désole et que je désespère
Que ton image s'envole mais il n'y a rien à faire
Tu es ce pourquoi j'ai vécu jusqu'à maintenant
Mais voilà que tu n'es plus, plus rien n'est important
Si seulement j'avais su
Que tu me manquerais autant
Je t'en aurais voulu de t'aimer tant
Apprends-moi à croire qu'on oublie d'avoir mal
Apprends-moi à croire que t'es devenue mon étoile

Mon ange, ma lumière
Mon intime repère
Mon ange, ma lumière
Qui chaque jour m'éclaire
Telle est ma prière

Tu n'avais pas de royaume à tes pieds
Mais je verserai pour toi
Plus de larmes qu'un peuple entier
Et ça ne suffira pas à me faire oublier
Que tu n'es plus
Apprends-moi à croire qu'on oublie d'avoir mal
Apprends-moi à croire que t'es devenue mon étoile

Mon ange, ma lumière
Mon intime repère
Mon ange, ma lumière
Qui chaque jour m'éclaire
Telle est ma prière

Le temps me vole ce que j'ai de plus cher
Dans mes souvenirs tu rigoles et tu fais tourner la terre
Ce qui me désole et que je désespère
Que ton image s'envole mais il n'y a rien à faire
Apprends-moi à croire que t'es devenue mon étoile

Mon ange, ma lumière
Mon intime repère
Mon ange, ma lumière
Qui chaque jour m'éclaire

Mon ange, ma lumière
Mon intime repère
Mon ange, ma lumière
Qui chaque jour m'éclaire
Telle est ma prière

COMME LE MONDE EST GRAND

Surtout n'attends pas
Que le monde soit parfait
La vie qu'on a
Est ce qu'on en fait
Surtout n'attends rien
De tout ce qu'on t'apprend
Où est le bien ?
Qui le sait vraiment ?
N'oublie pas qu'on n'est là
Que de passage
N'oublie pas qu'on n'a pas
Tout l'temps

J'ai de l'amour plein la tête
Des envies d'éternellement
Et regarde si tu es prête
Comme le monde est grand
Laisse le passé où il est
Il faut aimer maintenant
Tu verras si rien n't'arrête
Comme le monde est grand

N'attends pas
Demain ou après
Pour vivre trop tard
Ce que tu rêvais
Surtout n'attends plus
Qu'on choisisse pour toi
Si t'es perdue
Ne suis que ta voix
N'oublie pas qu'on est là
Peu de temps
Ne crois qu'en ceux qui t'aiment
Vraiment

J'ai des voyages plein les yeux
Des rêves couleur d'océan
Tu verras quand on est deux
Comme le monde est grand
Je ne te promets pas la lune
Mais juste vivre au présent
Voir si on regarde un peu
Comme le monde est grand

Et avant d'être trop vieux
Avoir un peu d'quoi être heureux
Je t'emmène si tu veux
Surtout avant de partir
Vivre ce qu'on peut vivre
En restant libres
Si tu veux me suivre

J'ai de l'amour plein la tête
Des envies d'éternellement
Et regarde si tu es prête

Comme le monde est grand
Laisse le passé où il est
Il faut aimer maintenant
Tu verras si rien ne t'arrête
Comme le monde est grand
Comme le monde est grand

C'EST PAS JUSTE

C'n'est pas juste une histoire qui finit mal
C'n'est pas juste les aléas d'une erreur sentimentale
C'est pas juste, c'est pas juste
Y a quelque chose qui tourne pas rond
C'est vrai l'amour a ses raisons
Mais eux, à l'abandon

Je n'vous demande pas d'aimer
Au-delà du possible
Je n'vous demande pas d'aimer
Si ça vous fait souffrir
Je n'vous demande pas d'aimer
Jusqu'à vivre le pire
Je n'vous demande pas d'aimer
Mais seulement, de n'pas les faire choisir

C'n'est pas juste une enfance qui prend le large
Ni même une douleur de passage, une vie qu'ils se partagent
C'est pas juste, c'est pas juste
Elle dit : «J'peux pas m'en séparer»
Et lui : «Moi non plus, désolé»
Mais eux, avez-vous pensé ?

Je n'vous demande pas d'aimer
Au-delà du possible
Je n'vous demande pas d'aimer
Si ça vous fait souffrir
Je n'vous demande pas d'aimer
Jusqu'à vivre le pire
Je n'vous demande pas d'aimer
Mais seulement, de n'pas les faire choisir

C'EST MA FAUTE

Il est bien tard, je comprends
La terre a déjà fait deux tours
Mais tu sais ça fait longtemps
Que je patiente jusqu'à ce jour
Plus on attend, plus c'est dur

D'avouer qu'on a tous les torts
Mais je n'suis plus vraiment sûr
Que cela nous serve encore
Si j'abuse de ton temps
Je m'excuse j'veux dire seulement

C'est ma faute, c'est ma faute
Si l'on est si loin l'un de l'autre
C'est ma faute, c'est ma faute
Si l'on est plus rien l'un pour l'autre

Je n'veux pas que tu pardonnes encore
Ni même que tu m'écoutes
Je veux que la nuit quand tu dors
Tu n'aies jamais plus aucun doute

Je dois partir maintenant
Et laisser tourner la terre
Et laisser la poussière du temps
Recouvrir notre histoire entière

Mais j'abuse de ton temps
J'ai plus d'excuses, je pars maintenant
Je sais j'abuse de ton temps
J'ai plus d'excuses, j'veux t'dire seulement

C'est ma faute, c'est ma faute
Si l'on est si loin l'un de l'autre
C'est ma faute, c'est ma faute
Si l'on est plus rien l'un pour l'autre

REGARDEZ-MOI

J'ai besoin de fuir le monde à présent
Plus rien ne m'attire j'ai déjà trop fait semblant
S'il me suffit d'ouvrir les portes en silence
À ceux qui enivrent je vais tenter ma chance
Je me donne à toi ma poussière d'étoiles
Je vais tenter ma chance
Je te laisse mon corps pour la première fois
Je vais tenter ma chance
L'énergie nouvelle voyage dans mes veines
Et transperce mon âme

Aah ah je pars
Aah ah je pars
Aah ah je pars loin de moi

J'ai senti enfin en toi l'éphémère
En moi l'impression d'un paradis sur terre
Je suis allé si haut jusqu'à toucher le fond
Comme j'étais fort tu t'en souviens
J'ai si peur maintenant
Je me donne à toi ma poussière d'étrange
J'ai si peur maintenant
Je te laisse ma vie pour une dernière danse
J'ai si peur maintenant
Qu'as-tu fait de moi ? Je n'me reconnais pas
Regardez-moi

Aah ah j'ai peur
Aah ah j'ai peur
Aah ah j'ai peur aidez-moi
Aah ah j'ai peur
Aah ah j'ai peur
Aah ah j'ai peur aidez-moi

Regardez-moi j'ai peur
Regardez-moi je pleure
Regardez-moi j'ai peur
Aah ah j'ai peur
Aah ah je pleure

FERMONS LES YEUX

Quelles sont encore ces frontières qui peuvent
séparer les êtres ?
Comme d'autres prières ou d'autres manières
Mais qu'est-ce qui, toujours nous pousse
à dresser tant de barrières
La peur, l'honneur ou l'orgueil ?

Fermons les yeux, fermons-les si l'on veut
Voir au-delà des visages

Mais quel est donc le miroir qui nous donnera
le pouvoir
De se voir, en somme, tels que nous sommes ?
Mais qu'est-ce qui nous aidera à vivre autrement
Des gestes, des mots ou du temps ?

Fermons les yeux, fermons-les si l'on veut
Voir au-delà des visages
Fermons les yeux, fermons-les juste un peu
Ouvrons nos cœurs davantage

Il faudra bien mettre fin
À tous ces regards éteints
Entendez-vous enfin
Les cris qui ne demandent qu'à se taire

Fermons les yeux, fermons-les si l'on veut
Voir au-delà des visages
Fermons les yeux, fermons-les juste un peu
Ouvrons nos cœurs davantage

TITRE DE L'ALBUM
LE CHEMIN

ANNÉE
2003

LE CHEMIN

(EN DUO AVEC SITA)

Regarde-toi assise dans l'ombre
À la lueur de nos mensonges
Les mains glacées jusqu'à l'ongle

Regarde-toi à l'autre pôle
Fermer les yeux sur ce qui nous ronge
On a changé à la longue

(Refrain)
On a parcouru le chemin
On a tenu la distance
Et je te hais de tout mon corps
Mais je t'adore
On a parcouru le chemin
On a souffert en silence
Et je te hais de tout mon corps
Mais je t'adore encore

Je vis dans une maison de verre
À moitié remplie de ton eau
Sans s'arrêter le niveau monte

Je suis le fantôme qui s'égare
Je suis étranger à ton cœur
Seulement regarde comme on est seuls

(Refrain) (×3)

JE COURS

Faites-moi de la place, juste un peu de place
pour ne pas qu'on m'efface
J'n'ai pas trop d'amis, regardez en classe
(c'est pas l'extase)
J'ai beaucoup d'espace (je suis seul) et personne
à qui le dire

(C'est pas l'pire) Quand la pause arrive, je ne suis
pas tranquille, il faut que je m'éclipse
Ou alors accuser les coups, ou dehors

Il faudra que je coure tous les jours
Faudra-t-il que je coure jusqu'au bout ?

Je n'ai plus de souffle, je veux que l'on m'écoute
(plus de doute)
Pour m'en sortir, je dois tenir et construire
mon futur
Partir à la conquête d'une vie moins dure
(Sûr que c'est pas gagné) Mais j'assure
mes arrières
Pour connaître l'amour et le monde

Il faudra que je coure tous les jours
Faudra-t-il que je coure jusqu'au bout ?
Pour connaître le monde et l'amour
Il faudra que je coure tous les jours

J'voudrais m'arrêter, j'peux plus respirer
dans ce monde parmi vous
J'voudrais m'arrêter, j'peux plus respirer
dans ce monde parmi vous
J'voudrais m'arrêter, j'peux plus respirer
dans ce monde parmi vous
J'voudrais m'arrêter, j'peux plus respirer
dans ce monde parmi vous

Il faudra que je coure tous les jours
Faudra-t-il que je coure jusqu'au bout ?
Pour connaître le monde et l'amour
Il faudra que je coure tous les jours

Faites-moi de la place, juste un peu de place
pour ne pas qu'on m'efface
Faites-moi de la place, juste un peu de place
pour ne pas qu'on m'efface
Faites-moi de la place

DERNIÈRE DANSE

J'ai longtemps parcouru son corps
Effleuré cent fois son visage
J'ai trouvé de l'or et même quelques étoiles
En essuyant ses larmes
Et j'ai appris par cœur la pureté de ses formes
Parfois je les dessine encore
Elle fait partie de moi

Je veux juste une dernière danse
Avant l'ombre et l'indifférence
Un vertige puis le silence
Je veux juste une dernière danse

Je l'ai connue trop tôt mais c'est pas ma faute
La flèche a traversé ma peau
C'est une douleur qui se garde
Qui fait plus de bien que de mal
Mais je connais l'histoire, il est déjà trop tard
Dans son regard, on peut apercevoir qu'elle se prépare
Au long voyage

Je veux juste une dernière danse
Avant l'ombre et l'indifférence
Un vertige puis le silence
Je veux juste une dernière danse

Je peux mourir demain, ça ne change rien
J'ai reçu de ses mains
Le bonheur ancré dans mon âme
C'est même trop pour un seul homme
Et je l'ai vue partir, sans rien dire
Il fallait seulement qu'elle respire
Merci, d'avoir enchanté ma vie

Avant l'ombre et l'indifférence
Un vertige puis le silence
Je veux juste une dernière danse

J'ai longtemps parcouru son corps
Effleuré cent fois son visage
J'ai trouvé de l'or et même quelques étoiles
En essuyant ses larmes
Et j'ai appris par cœur la pureté de ses formes
Parfois je les dessine encore
Elle fait partie de moi

Une dernière danse

TOUT ENVOYER EN L'AIR

Laisse
Ce qui te retient
Délaisse
Ce qui t'appartient
Détache le lien qui lentement se resserre
Car cette vie t'indiffère
Et ne te ressemble en rien
Ces rêves ne sont pas les tiens
Si tu restes, tu vas manquer d'air
Il suffit de

Tout envoyer en l'air
Je saurais comment faire
Je crois, que c'est inscrit dans nos gènes
Je sais, qu'on est capable de

Tout envoyer en l'air
Sans regards en arrière
Et c'est le moins que l'on puisse faire

Qui ose faire, le pas de l'évolution
Je veux seulement des visages et des corps en ébullition
Pour enfin changer d'air
Dans une autre dimension
Venez assister ensemble au réveil d'une génération
Qui veut seulement

Tout envoyer en l'air
Je saurais comment faire
Je crois, que c'est inscrit dans nos gènes
Je sais, qu'on est capable de

Tout envoyer en l'air
Sans regards en arrière
Et c'est le moins que l'on puisse faire

Je veux tout envoyer en l'air
Je saurais comment faire
Je crois, que c'est inscrit dans nos gènes
Je sais, qu'on est capable de

Tout envoyer en l'air
Je saurais comment faire
Je crois, que c'est inscrit dans nos gènes
Je sais, qu'on est capable de

Tout envoyer en l'air
Sans regards en arrière
Et c'est le moins que l'on puisse faire

CHAQUE SECONDE

J'ai cherché l'erreur, au cœur du système
Ce qui brille est un leurre
Ce qui brille peut fondre au soleil
J'ai cherché l'erreur, qui trouble mon sommeil
J'ai cherché pendant des heures
Pour voir que tout est à refaire

Enfin, tout est clair, je relève la tête
Je veux vivre chaque seconde
Comme si demain était la fin du monde
Être libre pour de bon
À trop vouloir s'élever on tombe

Abandonner la fièvre, ne plus regarder en arrière
Trouver l'essentiel pour enfin oublier le reste
Je n'veux plus d'adresse
Je ne veux plus qu'en vain on se blesse
Je voudrais pouvoir éclore et demain sourire encore

En fait, tout est clair, je relève la tête
Je veux vivre chaque seconde
Comme si demain était la fin du monde
Être libre pour de bon
À trop vouloir s'élever on tombe

COMMENT TE DIRE

Prisonnier de ton enchantement
En faire l'affaire de nos sentiments
On dirait l'âme, on dirait le corps
Quand ton ennemi est le plus fort
Et moi j'accours

Mais comment te dire
Les mots ne viennent pas
Libérer les sons de ma voix
Je voudrais arrêter
Le temps passé en toi
Mais laisse-moi te dire

Pris au piège par le souffle imminent
De ton retour tout ce qui nous attend
On dirait l'âme, on dirait le sang
Tu touches mon cœur
L'esprit s'en ressent
Et moi je suis fou

Mais comment te dire
Les mots ne viennent pas
Libérer les sons de ma voix
Je voudrais arrêter
Le temps passé en toi
Laisse-moi te dire

Comment te dire
Les mots ne viennent pas
Libérer les sons de ma voix
Je voudrais arrêter
Le temps passé en toi
Mais laisse-moi te dire
En amour on ne sait rien
On est rien
On est rien
On est rien

JE SAIGNE ENCORE

Il a le droit de poser ses mains sur ton corps
Il a le droit de respirer ton odeur
Il a même droit aux regards qui le rendent plus fort
Et moi la chaleur de ta voix dans le cœur

Et ça fait mal, crois-moi
Une lame, enfoncée loin dans mon âme
Regarde en toi, même pas l'ombre d'une larme
Et je saigne encore
Je souris à la mort
Tout ce rouge sur mon corps
Je te blesse dans un dernier effort

Il aime caresser ton visage quand tu t'endors
Et toi tu te permets de dire « encore, encore »
Je sais que ce qui ne tue pas nous rend plus fort
Mais moi, mais moi je suis déjà mort

Et ça fait mal, crois-moi
Une lame, enfoncée loin dans mon âme
Regarde en toi
Même pas l'ombre d'une larme
Et je saigne encore
Je souris à la mort
Tout ce rouge sur mon corps
Je te blesse dans un dernier effort

Mais je saigne encore
Je souris à la mort

Mais je saigne encore
Tout ce rouge sur mon corps

Tout ce rouge sur mon corps
Tout ce rouge sur mon corps

JE TE VENDS MON ÂME

Je vois ton nom écrit en grand partout sur les murs
Sais-tu c'que j'endure
Je sens tes mains sur mon corps qui brûle, je brûle
Et je rêve d'un courant d'air
D'un espace clos avec vue sur la mer
D'un silence radio, d'un océan solaire
Qui nous porte ensemble et qui nous enferme

Je t'ai perdue, depuis je n'm'aime plus
Depuis j'en suis sûr je peux fermer la blessure

Je te vends mon âme, fais de moi ce que tu veux
En retour, donne-moi la chance d'être mieux
Je te vends mon âme, prends ma vie
et mon paysage
En échange, je veux voler ton visage

Je te cherche ma sœur d'âme, mon identité
Ma Vénus fatale à l'unanimité
Ce qu'il y a de mal, je l'ai mis de côté,
je serai sage
Et je rêve de former un arc en chair et en osmose avec la terre
Plus de larme de synthèse, seulement du vrai et du cher
Seulement du fragile et du nécessaire

Je t'ai perdue, depuis je n'm'aime plus
Depuis j'en suis sûr je peux fermer la blessure

Je te vends mon âme, fais de moi ce que tu veux
En retour, donne-moi la chance d'être mieux
Je te vends mon âme, prends ma vie
et mon paysage
En échange, je veux voler ton visage...

Je te vends mon âme, fais de moi ce que tu veux
En retour, donne-moi la chance d'être mieux
Je te vends mon âme, prends ma vie
et mon paysage
En échange, je veux voler ton visage

Je te vends mon âme, fais de moi ce que tu veux
En retour, donne-moi la chance d'être mieux
Je te vends mon âme, prends ma vie
et mon paysage
En échange, je veux voler ton visage...

PARDONNÉ

Je suis l'enfant d'un peuple sourd,
Qu'on vienne à mon secours
J'ai construit ma vie et des barrières autour
Sans jamais voir le jour,
J'ai prié mes dieux, enfermé seul dans ma tour
Comme toi j'ai voulu un visage et voir
du paysage
Prendre le large, écouter mon message
Les barreaux d'une cage
Peuvent céder sous le poids des larmes

J'ai pardonné et j'ai fermé les yeux, j'ai appris
à rêver
Et j'ai pardonné et j'ai fermé les yeux sur
ma réalité

Je suis la cible qu'il te faut, le satellite en trop
J'ai courbé les épaules et j'ai joué mon rôle

Je suis comme tout le monde
Pourtant malgré moi de la peur je suis l'hôte
Je suis l'enfant d'un peuple sourd
Qu'on vienne à mon secours
J'ai construit des barrières, la vie suit son cours
Je n'attends plus le jour, j'ai renié mes dieux
pour toujours

J'ai pardonné et j'ai fermé les yeux, j'ai appris
à rêver
Et j'ai pardonné et j'ai fermé les yeux sur
ma réalité

Marcher ensemble, sauter ensemble c'est parfait
Tomber ensemble, mourir ensemble c'est parfait
Marcher ensemble, sauter ensemble
Tomber ensemble, mourir ensemble
Partir en cendres, ne rien entendre, finir en sang
Ne plus attendre
Marcher ensemble, sauter ensemble
Tomber ensemble, mourir ensemble
Partir en cendres, ne rien entendre, finir en sang
Ne plus attendre

Ne plus attendre
Pardonné et j'ai fermé les yeux, j'ai appris à rêver
Et j'ai pardonné et j'ai fermé les yeux
sur ma réalité

J'ai pardonné et j'ai fermé les yeux, j'ai appris
à rêver
Et j'ai pardonné et j'ai fermé les yeux
sur ma réalité

SUR NOS LÈVRES

Comment se faire, à l'idée
D'ouvrir les mains, pour saigner
Comment te faire, oublier
Tu as les marques du passé

Sur nos lèvres
Le monde a écrit
Ces mots de peur et ces cris
Sa propre fin est ici, oh

Comment nous faire oublier
Je n'ai même plus la force d'écouter
Comment se taire, à l'idée
Du goût amer laissé

Sur nos lèvres
Le monde a écrit
Ces mots de peur et ces cris
Sa propre fin est ici, oh

Comment pourrais-je, pardonner
À notre père, qui a laissé
Sur nos lèvres
Les blessures qui nous lient
Ces mots de peur et ces cris
Sa propre fin est ici
Le monde a écrit

TOUT RESTE À FAIRE

On a construit des murailles privées de lumière
Rêvé de jardins de fleurs l'ombre et la poussière
J'y ai fait quelques mondes, quelques endroits
Mon préféré est celui d'où je te vois

Oh oh oh oh oh oh
Tout reste à faire
Tout reste à faire
Oh ! Oh !

J'y ai mis tout mon cœur et tout mon savoir-faire
Rassemblé tous mes efforts l'horizon et la terre
Et tu m'as vu une ou deux fois près de toi ramper
Depuis tu ne m'as plus jamais regardé

Tout reste à faire
Tout reste à faire

Et si tu viens éclairer mon âme quand
j'en ai besoin
Si tu viens desserrer les lames autour
de mes mains
Je pourrai t'expliquer la chute libre de mon choix
Te montrer les couleurs qui ne vont pas

Tout reste à faire
Tout reste à faire ...

TITRE DE L'ALBUM
300 LÉSIONS

ANNÉE
2004

CONTACT

Aveuglés par nos larmes on devient des pions
Le sort s'acharne au fond quand naît l'opinion
Si la meute t'accepte au final pourquoi ?
Ne pas filer droit, ne pas finir sec, ne pas dévier tes pas ?
J'veux marcher sans regret, brûler des pages entières
Même semer les secrets, apprivoiser mes peines
Lesté de nos silences j'ai trop perdu ma foi

Aussi loin qu'il le faut
j'irai trouver au bout le contact
Aussi loin qu'il le faut
j'irai trouver au bout le contact
Aussi loin qu'il le faut...

Et l'onde de choc propage le message
Et je quitte le sol l'orage se prépare

Abusés par le calme jusqu'à fuir le front
Jusqu'à l'abstinence au fond jusqu'à l'obstruction
Pour fermer nos sens, sans cesse noyer nos silences
Dans le moindre fracas, dans l'espace de nos corps
Dans le vide sous nos pas
La tête bien dans l'eau j'ai décidé qu'aussi loin
Que supporte mon corps ou plus loin s'il le faut
J'irai reculer mon heure, soudoyer le passeur

Aussi loin qu'il le faut
j'irai trouver au bout le contact
Aussi loin qu'il le faut
j'irai trouver au bout le contact
Aussi loin qu'il le faut...

Et l'onde de choc propage le message
Et je quitte le sol l'orage se prépare

Aussi loin qu'il le faut
j'irai trouver au bout le contact
Aussi loin qu'il le faut
j'irai trouver au bout le contact
Aussi loin qu'il le faut...

Et l'onde de choc propage le message
Et je quitte le sol l'orage se prépare

DANS MA CHAIR

Si je m'inspire de vous, des nuits
Aubes de mes dérives lucides
Du jour où les rues transpirent
Du vide autour des villes
Du moindre de mes désirs

Si je transporte vos rêves, vos peines
Vos haines et la mienne
La même qui règne à l'orée du ciel
Mon fleuve, ma sphère, nos chaînes
Rougeoyant dans ma chair

C'est par amour pour elle...

Les corps se frôlent
La rage enrôle au cœur de l'atome
Nos vieux fantômes, I want to go home
L'espoir nous ronge,
faites place au virus autonome

Si je pardonne, je m'offre encore
Je tremble et raisonne
Je reste, je cherche
Si j'oublie je donne
Ma vie, mon ombre en somme
Jamais ne m'abandonne

C'est par amour pour toi
C'est par amour pour elle
C'est par amour pour moi

Celui qui donne des ailes
Qui ne laisse pas le choix
Et qui en nous sommeille
Et qui en nous est roi
C'est par amour pour elle
C'est par amour pour toi

C'est par amour pour toi
C'est par amour pour elle
C'est par amour pour moi
Celui qui donne des ailes
Qui ne laisse pas le choix
Et qui en nous sommeille
Et qui en nous est roi
C'est par amour pour elle
C'est par amour pour toi...

Allez, allez, rentrons chez nous
Avant, avant qu'on nous torde le cou.

QUI JE SUIS ?

Des milliers de bras tendus
Dans le vacarme de ma venue
Mon Dieu qui je suis ?
J'ai laissé ma solitude
Ma maison est un véhicule
Sur mon passage on jure, on crie
Je suis perdu à jamais dans une autre vie

Je n'sais plus qui je suis
Je tremble un peu, je prie
On m'aimait bien dans ma rue
On me juge dans mon pays

Tout en haut de l'édifice
Brillant sous les lumières factices
Je n'vois plus mon chemin
Aujourd'hui j'ai tant d'amis
Où sont ceux qui m'ont vu grandir ?
Je les ai vus partir
Je m'suis perdu à jamais dans mon avenir

Je n'sais plus qui je suis
Je tremble un peu, je prie
On m'aimait bien dans ma rue
On me juge dans mon pays

Qui je suis ?
Je sors seulement la nuit
Aujourd'hui j'ai peur de vivre
Demain j'aurai peur qu'on m'oublie
Tant pis

Je n'sais plus qui je suis
Je tremble un peu, je prie
On m'aimait bien dans ma rue
On me juge dans mon pays

Qui je suis ?
Je sors seulement la nuit
Aujourd'hui j'ai peur de vivre
Demain j'aurai peur qu'on m'oublie
Tant pis

SARAH

Sarah elle est belle mais seulement quand elle pleure
Quand elle voit sa mère au fond d'son verre
Et ce quelle que soit l'heure
J'ai vu tellement de feux éteints dans les yeux de Sarah
Et la peur des lendemains, bien cachée dans sa voix

Alors pourquoi moi ?

On peut la voir sourire parfois depuis que son père dort
Il était bien trop triste et bien trop fort

mais depuis qu'il est mort
Sarah sait qu'il existe sous les cerisiers blancs
L'espoir d'un rêve égoïste de vivre seulement

Alors pourquoi moi ?
Alors pourquoi moi ?

J'ai eu la vie facile mais je n'servais à rien
Puis j'ai partagé sa peine, aujourd'hui je suis quelqu'un
Sarah reine des femmes, devant elle je m'incline
Car je peux voir ce matin un ange dans ma cuisine

Sarah elle est belle mais seulement quand elle est nue
Le corps tendu par ses grands airs mes doigts collés à sa nuque
Sarah reine des femmes, devant elle je m'incline
Car je peux voir ce matin un ange...
Un Ange

SAD DAY

Des fleuves tachés s'élèvent au ras du sol
Des peintures sous la peau, des symboles
Se révèlent à la lune sous sa lueur fœtale
Et diffusent en silence les rayons qui dévoilent
Les danseuses filiformes qui s'évanouissent au vent
Et se moquent de nous jusqu'à s'en mordre les dents
Jusqu'à s'en mordre les dents

Sad day, sad day
Laissez les civières
Sad day, sad day
Flotter sur nos rivières

Nos visages entiers se tournent vers l'exil
Et nos bras qui s'étirent jusqu'à frôler la cime
On rêve sans trêve et en laissant couler
Dans nos veines le sang libre de nomades oubliés
Tu la sens la tempête qui dans nos têtes s'achève
Les paupières du cyclone qui lentement se ferment
On se rappelle juste pour oublier
S'aimer un peu en fin d'année

Sad day, sad day
Sortez les civières
Sad day, sad day
Qu'elles prennent la mer

Sad day, sad day
Et puisqu'on est la sève
Sad day, sad day
À nous de tout refaire...

Sad day, sad day
Sortez les civières
Sad day, sad day
Qu'elles prennent la mer

Sad day, sad day
Et puisqu'on est la sève
Sad day, sad day
À nous de tout refaire...

À nous de tout refaire
À nous de tout refaire

RÉVOLUTIONS

Allongé dans tes herbes
Je te serre, toi ma Révolution
Arrangé à tes aises
Noyé dans notre Révolution

Si j'implore pardon
Qu'on me donne des Révolutions

Et si la mort nous comble
Je vous donne ma Révolution

À tes flèches de remords
À tes sens et à nos Révolutions
Au partage de nos terres
À nos fins et à nos Révolutions

Si j'implore pardon
Qu'on me donne des Révolutions
Et si la mort nous comble
Je vous donne ma Révolution

Si j'implore pardon
Qu'on me donne des Révolutions
Et si la mort nous comble
Je vous donne ma Révolution

À la femme de nos rêves
À nos cœurs et à ta Révolution

CE SOIR

Plongez en moi, je m'ouvre une dernière fois
J'ai touché le fond, j'ai perdu ma voix
Plongez en moi, elle a délié les sons
Même changé de nom pour pleurer mes larmes
J'ai tatoué son âme
La chaleur d'une femme
J'ai appris à naître
Elle cogne dans ma tête

Ce soir nos deux corps se mêlent
Fiers d'une étreinte parfaite
Et si elle veut la vie
Moi je lui donne la mienne
Elle a su m'affranchir
De mes souvenirs
Nos deux corps se mêlent
Elle cogne dans ma tête

Plongez en moi, elle m'a ouvert le fond
Sa voix comme sillon pour guider mes pas
J'ai tatoué son âme
Sous ma peau glaciale
J'ai appris à naître
Elle cogne dans ma tête

Ce soir nos deux corps se mêlent
Fiers d'une étreinte parfaite
Et si elle veut la vie
Moi je lui donne la mienne
Elle a su m'affranchir
De mes souvenirs
Nos deux corps se mêlent
Elle cogne dans ma tête

J'irai brûler les feux, noyer vos fleuves, crever mes yeux
J'irai graver son nom, changer les saisons si elle le veut

Ce soir nos deux corps se mêlent
Fiers d'une étreinte parfaite
Et si elle veut la vie
Moi je lui donne la mienne
Elle a su m'affranchir
De mes souvenirs
Nos deux corps se mêlent
Elle cogne dans ma tête

Brûlez, brûlez, brûlez ce monde
Brûlez, brûlez, brûlez ce monde

RESPIRE

Glisser sur les ondes ensemble, se dérober
au monde
Jeter tout ce qui nous échappe, ne faire
qu'effleurer la surface
Même un peu d'excès parfois mais pas trop
Juste ce qu'on se doit

Pour se sentir bien vivants il suffit finalement
que l'on
Respire

Un peu du nouvel air
Prions pour ne jamais
Mourir
Avant d'avoir offert
La vie à la planète entière
On est bien jeunes et parfois c'est sur
nos épaules trop étroites
Que réside le poids du ciel on pourrait le toucher
de nos doigts
Je n'veux plus rentrer chez moi, mais chez moi
où c'est déjà ?
L'important c'est qu'ensemble on oublie pas
Qu'il suffit que l'on
Respire

Seuls, seuls, seuls, seuls
Il faut que l'on
Respire

Avant d'avoir offert
La vie à la planète entière
Si la vie n'est qu'un rêve alors rien n'a commencé
Et si rien n'a commencé alors on peut tout refaire
Refaire
On peut tout refaire

JE TE RÊVE ENCORE

Un ange reste un ange,
si on ne l'oublie pas
Je t'emmêle, tu me tords
Un corps reste un corps,
mais je ne l'oublie pas
Je te fane, tu m'enterres

Je te rêve encore
je t'aime
Je te rêve encore
je t'aime

Au-dessus des toits tu règnes, oh !
Je frappe d'en bas
Quelques gouttes de moi-même
Et traverse là

Je te rêve encore
je t'aime
Je te rêve encore
je t'aime...

L'ENFER

On veut de la vitesse fragile
Des fleurs à tous les feux rouges pour freiner
notre adrénaline
À grand combat de caféine
La belle parade des ondes qu'on avale
à outrance
Sans rien dire, sans rien dire

On peut croire en de nouveaux jours
Dans le sillage des hommes que la raison ignore
depuis toujours
On peut même jouer à être sourds
Pleurer le palais qui s'écroule mais pas
les déserts peints en rouge

On s'est laissés tomber à genoux
On s'est enlisés jusqu'au cou

Mais un mot de toi pour ma peine
Ma paranoïa sur tes lèvres
Mais Alléluia, le vent se lève
Sur l'enfer où je me promène

Des nébuleuses dans nos têtes explosent

As-tu goûté à la dernière nouveauté
que la mort propose

Au marché des corps qu'on expose

Ce sont les vieux
au plus que douteux sex-appeal qui disposent

On s'est laissés tomber à genoux
On s'est enlisés jusqu'au cou

Mais un mot de toi pour ma peine
Ma paranoïa sur tes lèvres
Mais Alléluia, le vent se lève
Sur l'enfer d'où je nous surveille

J'ai donné ma vie
pour partager la tienne
Bien écorché vif,
je m'éveille...

Mais un mot de toi pour ma peine
Ma paranoïa sur tes lèvres
Mais Alléluia, le vent se lève
Cet enfer est tout ce qu'il me reste.

L'ASSAUT DES REGARDS

Capturer l'horizon où tout semble désert
Il faut savoir se taire pour en tirer le son
Je ne saurais vous dire si la lumière est là
Allez savoir pourquoi

Si loin de ma chair
De nos repères
Aussi grand qu'on espère
De guerre en guerre

Tous ces écrans de fond à l'assaut des regards
On a peine à y croire mais c'est ça la raison
Aux rivières de Passion qui traversent nos terres
J'irai creuser le fond jusque dans la lumière

Si loin de ma chair
De nos repères
Aussi grand qu'on espère
De guerre en guerre...

Si loin de ma chair
De nos repères
Aussi grand qu'on espère
De guerre en guerre.

2006-2013

FAUT-IL QUE NOS CHEMINS SE SÉPARENT ?

2006

DONC, LE TEMPS DE LA PAUSE ARRIVE À POINT NOMMÉ…

C'est comme un élan de survie. Cette vie est éreintante et tout en moi me crie d'arrêter. On n'emploie pas encore le terme à l'époque, mais je suis en burn-out. J'ai envie de repartir de zéro, de faire la musique que j'écoute, et donc créer un groupe de métal, gueuler dans le micro… La création d'Empyr me fait un bien fou. Les autres s'inquiètent pour moi, mais ils continuent de me soutenir, l'amour que nous nous portons n'a jamais eu à en souffrir. Ce sont des frangins… D'ailleurs, Flo me suit dans l'aventure Empyr.

Au départ, j'envisage de revenir après un petit break de deux ou trois ans. Mais le temps passe et je me trouve bien dans mes basques. En fait, je suis heureux. J'ai retrouvé le plaisir simple de la musique avec un groupe dont les ambitions sont plus modestes et je suis dégagé de la pression monumentale qui allait avec le succès de Kyo.

-2013

[A]lain Delorme

© Benoit Julliard

© Alain Delorme

ÇA DURE SEPT ANS, BIEN PLUS LONGTEMPS QUE PRÉVU. COMMENT DÉCIDEZ-VOUS DU RETOUR ?

Je recommence à écrire en français, ça me manquait. C'est un déclic. Quand j'ai suffisamment de textes intéressants pour les soumettre aux gars, je les appelle. C'est Nico que je vois en premier. À la question : « Tu aimerais refaire un disque de Kyo ? », il me répond « Carrément », sans hésiter. Flo et Fab suivent le mouvement. Ça se fait naturellement, l'alchimie est toujours là.

© Guillaume Trouvé

EMPYR

WEBZINE NUMERO 3

REALISE PAR EMPYR FRANCE

PHOTO : BENOIT JULLIARD / LAYOUT : LAURA FERBERT

© Alain Delorme

TITRE DE L'ALBUM
KYO BEST OF

ANNÉE
2007

COMME DES FRÈRES

On était comme des frères
Pas de sang mais pas de guerre entre nous
Toujours fiers d'être seuls sur terre
T'arrive-t-il de vibrer pour un autre que toi ?
Et retenir ton souffle
Pour qu'il respire à ta place ?
Pour nous on parlait d'à jamais
Pour toujours sans l'ombre d'un doute
Comment imaginer
Que l'on pouvait nous séparer
Mais elle a de ses mains
Pris le plus cher de ce qu'il y a en nous
En semant la guerre
Elle règne, en semant la guerre
Elle règne, à l'ombre du soleil
Elle règne, en semant la guerre
Elle règne
Faire partie d'un cortège
Comme bien d'autres avant nous
Je voudrais qu'on abrège
Et puis qu'on se retrouve
Le poison dans nos veines finira par nous tuer
Le poison de celle à qui on a donné
La promesse d'être là,
De pouvoir l'aimer à jamais pour toujours
Sans l'ombre d'un doute
Comment imaginer que l'on voudrait s'en séparer
Mais elle a de ses mains
Pris le plus cher de ce qu'il y a en nous
En semant la guerre
Elle règne, en semant la guerre
Elle règne, à l'ombre du soleil
Elle règne, en semant la guerre
Elle règne
Plus tu l'aimes plus je saigne
Mais si je reste à terre
À l'ombre du soleil
Viens me libérer
De mon sommeil
Je suis à ta merci

LE CIEL S'INDIGNE

La lumière s'éveille, sur une route perdue
Que l'on emprunte chaque jour, chaque jour à notre insu
Et nos yeux collés, qui peinent à s'ouvrir
Sur le fait inavoué qu'on n'est pas faciles à vivre
Moi je dois tout faire, colmater les plaies
Et quand même chanter, pour calmer la mer
J'ai fermé mon âme, à triple tour
Tu vois notre histoire, j'en ai déjà fait le tour
Même le ciel s'indigne
L'amour est un suicide
Pourquoi ces gens sourient
Puisqu'ils sont tous tristes ?
Même le ciel s'indigne
L'amour est un suicide
Pourquoi ces gens persistent à vouloir mourir
Puisqu'elle est ma folie mon Dieu ?
Je suis fou d'être ici
Au silence d'une nuit
À l'aube d'une nouvelle vie

Une lumière s'éteint, sur une route perdue
Et tellement glacée que je ne l'emprunterai plus
Même le ciel s'indigne
L'amour est un suicide
Pourquoi ces gens sourient
Puisqu'ils sont tous tristes ?
Même le ciel s'indigne
L'amour est un suicide
Pourquoi ces gens persistent à vouloir mourir ?

2014 - 2022

RETROUVER L'ÉQUILIBRE

Kyo
Le grand retour

Il y a dix ans, en pleine gloire, ils jetaient l'éponge. Besoin de faire une pause. Aujourd'hui trentenaires, ces qua amis d'enfance reviennent, mieux armés pour le succès.

Ils se sont connus à 14 ans sur les bancs de l'école et ont réalisé leur rêve d'ados en devenant rock stars une décennie plus tard. Aujourd'hui, Fabien Dubos, Nicolas Chassagne, Benoît Poher et Florian Dubos (de g. à dr.) sont mariés et pères de famille.

la, 2014

2014-

EN ÉCRIVANT LES NOUVELLES CHANSONS, TU PENSES AU PUBLIC D'ADOS DES DÉBUTS DU GROUPE ?

Le temps a passé, j'ai grandi et évolué, le public aussi. J'écris ce qui me passe par la tête et par le cœur, je ne cherche pas à m'adapter ou à coller aux attentes. Dans la période de création et d'écriture je ne pense pas aux autres. C'est une démarche trop intime. Si je ne suis pas sincère, le public le sentira et ne sera pas touché. C'est plutôt dans le choix des singles que la question se pose. Le morceau « L'Équilibre », par exemple, est assez proche de ceux qui composaient les albums précédents, même si notre nouvelle maturité se sent dans le texte.

Backstages Clip Poupées Russes, 2015
© Denis Collart

2022

Backstages Clip Poupées Russes, 2015

QUAND « LE GRAAL » ARRIVE, LES RADIOS NE SEMBLENT PAS SURPRISES DU TOURNANT QUE VOUS AVEZ PRIS.

Étonnemment ! C'est un morceau rythmé, avec un riff de guitare funky, presque dansant, alors qu'on a bâti notre succès sur des ballades sombres… Pour certains, c'est « du pur Kyo », c'est peut-être ma voix qui fait le lien. D'autres ne font pas le rapprochement entre cette chanson et Kyo. D'ailleurs, je me dis que c'est une mauvaise idée de la sortir en premier single, je crains que les fans ne soient déstabilisés. C'est Flo qui insiste, pour lui c'est le titre le plus fort. À raison, « Le Graal » a été la chanson française la plus diffusée de l'année.

Sur le texte, Yves-Michel s'était montré un peu sceptique. Il m'avait dit : « Tu es bien conscient, Ben, que personne ne comprend le début de la chanson : "Comme Indy" ? Tu ne peux pas trouver des paroles plus intelligibles ? » Il avait clairement raison, personne ne comprend cette phrase, mais je trouve qu'elle sonne. Je tenais à la garder, l'énergie était bonne, et ça n'a gêné personne. Encore une preuve que la clarté du propos n'est pas forcément la recette du succès.

Le Graal, 2014 © Gérald Wassen

« Le Graal », c'est le titre charnière de Kyo. Il y a eu *Le Chemin* qui a ouvert la voie du succès. « Dernière danse », qui nous a propulsés à un niveau qu'on n'espérait même pas. « Le Graal » nous a remis en selle. Il y avait plusieurs scénarios possibles et nous nous étions préparés à tout. Ce qui arrive est le meilleur de ce qu'on pouvait espérer, et ce succès est un grand soulagement.

Olympia Le Graal Tour, 2014 © Emilie Granon

ET POURTANT, CE TITRE EST LE SEUL SUCCÈS DE L'ALBUM *L'ÉQUILIBRE*...

Oui. On se sent ultra-chanceux d'avoir eu cet accueil avec « Le Graal », mais les autres titres de l'album ne marchent pas... c'est un peu l'ascenseur émotionnel. On a beaucoup aimé réaliser le clip de *L'Équilibre*, il reste un morceau important pour les fans même si les radios ne le jouent pas. Il est très long, très dark, et trop différent du « Graal ». Mais le texte touche notre public, on le joue régulièrement sur scène. On l'a sorti depuis longtemps des *tracklists* de concerts, mais les fans protestent et nous demandent de le réintégrer.

Les retrouvailles avec le public sont incroyables. La tournée est géniale et on prend conscience de l'importance de notre place dans la vie de nos fans. Ils nous ont aimés quand ils avaient seize ou dix-sept ans, notre musique fait partie de leur univers. Je pense que s'ils partaient sur une île déserte et ne pouvaient emporter qu'un album, certains choisiraient *Le Chemin*, comme moi je choisirais un *Sound Garden* ou un *Smashing Pumpkins*.

ympia Le Graal Tour, 2014 © Emilie Granon

la du Hérisson, 2015 © Anthony Ghnassia

Before Le Grand Journal, 2014

Affiche NRJ Lille, 2014

QUAND ARRIVE L'ALBUM *DANS LA PEAU*, EN 2017, C'EST PLUS COMPLIQUÉ.

C'est un four ! On était assez sûrs de nous, on le trouvait dans l'air du temps, et ça n'a pas fonctionné. On n'a pas d'explication. Mais on se console avec la nomination de la chanson « Ton mec » aux Victoires de la musique.

C'est à ce moment-là que Fab, le batteur, part vivre en Italie et que Jocelyn, un ami de longue date, nous rejoint. On a fait des centaines de concerts avec lui à l'époque d'Empyr. Il n'est pas seulement batteur, il a aussi une véritable vision artistique, il sait ce qu'il veut et où il veut aller, il se fond dans le son de Kyo alors que ce n'est pas sa musique de prédilection. Il trouve tout de suite sa place et insuffle une nouvelle énergie au groupe.

Départ pour Londres pour le tournage du clip « Ton mec », 2017

FRENCH COLLECTION

Tournage du clip « Mon époque » réalisé par Akim Laouar / photo © Mélanie Lhote

rnage du clip « Quand je serai jeune » réalisé par Akim Laouar / photo © Mélanie Lhote

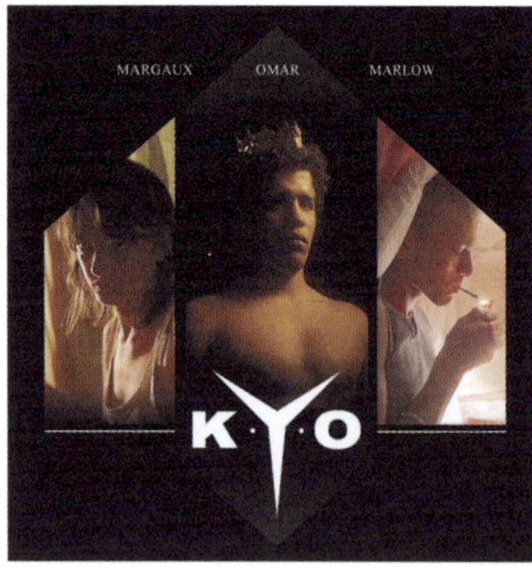

Visuel du single « Margaux, Omar et Marlow » , 2021 © Gérald Wassen

Tournage du clip « Margaux, Omar, Marlow » réalisé par Akim Laouar © Mélanie Lhote

rnage du clip « Stand up » par Akim Laouar / Actrice : Margaux Lenot / photo © Mélanie Lhote

C'EST AVEC LUI QUE VOUS SORTEZ L'ALBUM *LA PART DES LIONS.*

Et c'est encore un four ! Le marché du disque est en chute libre et on assiste à l'émergence du streaming. L'album génère tout de même de la visibilité et de l'argent, c'est rassurant, mais ça n'a rien à voir avec le succès du *Chemin*. Certains artistes réussissent à faire de gros scores : Stromae, Orelsan, Christine and the Queens, Eddy de Pretto... Leur proposition artistique n'est pas formatée, ils ont une identité forte. Pour moi, c'est une belle ère pour la musique francophone.

Story Instagram @lebonbon

Dans *La Part des lions*, il y a des textes que j'aime beaucoup. Surtout « Quand je serai jeune », qui est à mon sens l'une de mes meilleures chansons, ou « Stand Up », qui est un texte important sur le thème des pervers narcissiques. Et puis il y a « Paris », sur les attentats. J'ai trouvé un angle imagé et poétique pour en parler, une manière d'éviter d'enfoncer les portes ouvertes. Évidemment, j'aurais aimé que cet album touche plus de monde, mais il a atteint un public différent et ce n'est pas mal non plus. D'après Jean-Christophe, notre éditeur, si la réédition du *Chemin* a le succès qu'elle a et que la *fanbase* est aussi importante, c'est aussi parce qu'on n'a jamais cédé à la facilité ni au compromis. Notre exigence et notre sincérité paient, ce sont des valeurs indissociables de l'histoire du groupe. J'aime cette idée-là. Jamais je ne monterais sur scène pour chanter une chanson que je n'ai pas envie de chanter. Jamais. J'aurais l'impression de me foutre de la gueule de notre public. L'émotion, l'incarnation, c'est la base de notre métier. Sinon, on fait autre chose.

Affiche du visuel album La Part des lions, *rue de Mogador Paris 9*[e]

La Part des lions nous permet de faire une tournée qu'on aime encore plus que la précédente, parce que le disque est plus rock, avec des morceaux taillés pour la scène. On trouve du répondant dans les salles, le public s'enflamme, même si les jauges sont plus modestes, entre 1 000 et 2 000 personnes. On joue aussi dans les clubs où le public est tout près, on voit tout le monde, il y a une forme d'intimité et j'adore ça. En fait, toutes les configurations me plaisent. Dans les grandes salles, il y a ce sentiment incroyable d'adrénaline, dans les plus petites, ça transpire, on se marre, c'est fun. On entend le public, leurs réactions, ça peut être le début d'une déconnade. Parfois on frôle le stand-up, entre Flo et moi, et le public. Ça part en sketch, pour le meilleur et pour le pire. Parfois c'est drôle, parfois ça ne l'est pas, mais j'aime bien cette interaction-là.

Quelle que soit la formule, c'est la musique qui doit créer l'émotion. Si les

Facebook, Ville de Verneuil-sur-Seine

Magazine La Fringale Culturelle
© Philippe Matsas

gens se lèvent, s'ils dansent, c'est parce qu'ils en ont envie. Ce n'est pas parce qu'on leur ordonne ! On fait de la musique, on n'est pas des chauffeurs de salle. Ce sont deux métiers différents. Certains artistes jouent ce jeu-là : « Au fond je veux vous entendre. Et devant ? Est-ce qu'il y a des filles ? Est-ce qu'il y a des garçons ? » Je ne suis pas très à l'aise avec ça, l'ambiance kermesse ne m'intéresse pas !

DANS *LA PART DES LIONS* VOUS FAITES AUSSI UN GROS TRAVAIL SUR LES CLIPS AVEC CE TRIO DE MARGAUX, OMAR ET MARLOW COMME PERSONNAGES RÉCURRENTS. VOUS VOUS FAITES PLAISIR EN TRAVAILLANT SUR CE CONCEPT DE FIL CONDUCTEUR TOUT AU LONG DE L'ALBUM ?

C'est une idée qui est venue de Nico. On est en Belgique, on parle de cette chanson qui met en scène Margaux, Omar et Marlow. Il écoute les autres

de Mon Époque, 2021

morceaux de l'album et me fait remarquer que ces trois-là pourraient, ensemble ou séparément, vivre dans chacun des titres. L'idée nous plaît, on s'emballe et on décide de clipper tout l'album. Quand tu annonces ça à ton label, généralement il prend ça pour une fantaisie d'artiste et il fait la gueule. Mais, là, l'équipe accroche et nous tournons quatre clips autour de ces personnages. On se fait plaisir, on aurait regretté de ne pas le faire, même si le résultat n'est pas tout à fait à la hauteur de ce que j'avais en tête. J'imaginais faire du David Fincher, mais j'ai été rattrapé par la réalité du budget. Pourtant, le réalisateur Akim Laouar Aronsen est extrêmement talentueux. Le clip de la chanson « Margaux, Omar et Marlow », où nous prenons le parti de ne pas du tout apparaître, remporte beaucoup de succès auprès de personnes de mon entourage qui n'avaient jamais particulièrement accroché à Kyo. Je me suis fait plaisir et j'ai la satisfaction d'avoir réussi à toucher des gens différents de notre public habituel.

W9 - RTL2 Pop Rock Arena, 2021

France 2 - Taratata, 2021

C'EST ESSENTIELLEMENT TOI QUI ÉCRIS LES CHANSONS, ET C'EST TOI QUI LES CHANTES. ÇA RESSEMBLE À UNE POSITION DE LEADER…

Leader artistique, oui. Ça s'est instauré assez naturellement parce que j'étais productif. Mais je n'ai jamais été leader dans les prises de décision. J'en ris dans certaines interviews : « "Frontman" ne veut pas dire "chef" ! » Ça peut paraître étonnant, mais c'est Jocelyn, le dernier arrivé, qui est le chef. J'exagère, il n'y en a pas vraiment, mais Jocelyn a un poids certain dans les décisions que l'on prend. Il a beaucoup de charisme et une autorité naturelle. Et puis il a de grosses mains, tu n'as pas envie de le contredire *(rires)*. Il a pris sa place et c'est bien comme ça. Je suis assez à l'aise avec l'idée d'être créateur principal et de laisser certaines

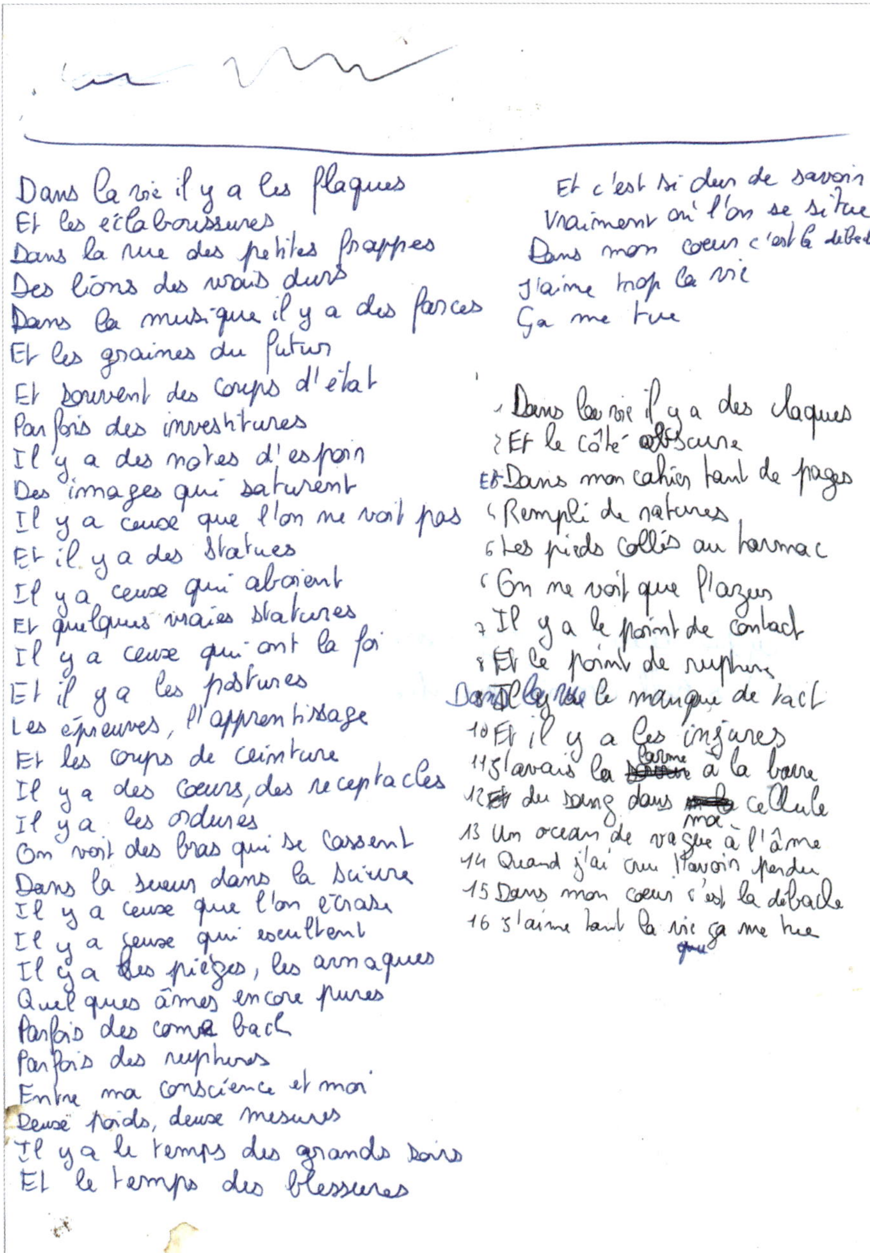

Dans la vie il y a les flaques
Et les éclaboussures
Dans la rue des petites frappes
Des lions des vrais durs
Dans la musique il y a des farces
Et les graines du futur
Et souvent des coups d'état
Parfois des investitures
Il y a des notes d'espoir
Des images qui saturent
Il y a ceux que l'on ne voit pas
Et il y a des statues
Il y a ceux qui aboient
Et quelques vraies statures
Il y a ceux qui ont la foi
Et il y a les postures
Les épreuves, l'apprentissage
Et les coups de ceinture
Il y a des cœurs, des receptacles
Il y a les ordures
On voit des bras qui se cassent
Dans la sueur dans la suiure
Il y a ceux que l'on écrase
Il y a ceux qui exultent
Il y a des pièges, les arnaques
Quelques âmes encore pures
Parfois des come back
Parfois des ruptures
Entre ma conscience et moi
Deux poids, deux mesures
Il y a le temps des grands soirs
Et le temps des blessures

Et c'est si dur de savoir
Vraiment où l'on se situe
Dans mon cœur c'est la débacle
J'aime trop la vie
Ça me tue

1 Dans la vie il y a des claques
2 Et le côté obscure
Et Dans mon cahier tant de pages
4 Rempli de ratures
6 Les pieds collés au tarmac
6 On ne voit que l'azur
7 Il y a le point de contact
8 Et le point de rupture
Dans la rue le manque de tact
10 Et il y a les injures
11 J'avais la ~~haine~~ larme à la barre
12 ~~Et~~ du sang dans ~~la~~ ma cellule
13 Un océan de vague à l'âme
14 Quand j'ai cru l'avoir perdu
15 Dans mon cœur c'est la débacle
16 J'aime tant la vie ça me tue

Paroles Poupées Russes

responsabilités aux autres. On est tous complémentaires, c'est aussi l'une des forces du groupe. Pour *Le Chemin* je proposais les chansons, avec Flo qui a toujours eu deux ou trois titres par album. Depuis trois albums environ, les gars me proposent des instrus, ils ont incroyablement progressé et pris le lead sur les arrangements. Et c'est un véritable atout pour le groupe parce que, moi, je suis très mauvais pour ça ! Je leur envoie des maquettes ultra-basiques, ils en font des pépites.

LORSQUE TU PRÉSENTES UNE CHANSON AU GROUPE, TU ES DANS QUEL ÉTAT D'ESPRIT ?

Je suis ultra-sensible. Après plus de vingt-cinq ans de carrière commune, je flippe encore comme un gamin quand je fais écouter un nouveau morceau aux gars. Ils sont le premier filtre, et leur regard est essentiel pour moi. J'ai d'autant plus la trouille quand c'est un morceau que j'ai particulièrement investi. C'est arrivé qu'ils ne soient pas touchés et c'est dur à digérer. Heureusement j'écris beaucoup. Si j'avais trois morceaux, je serais mal.

1er Accor Arena, 2018
© Sigried Duberos

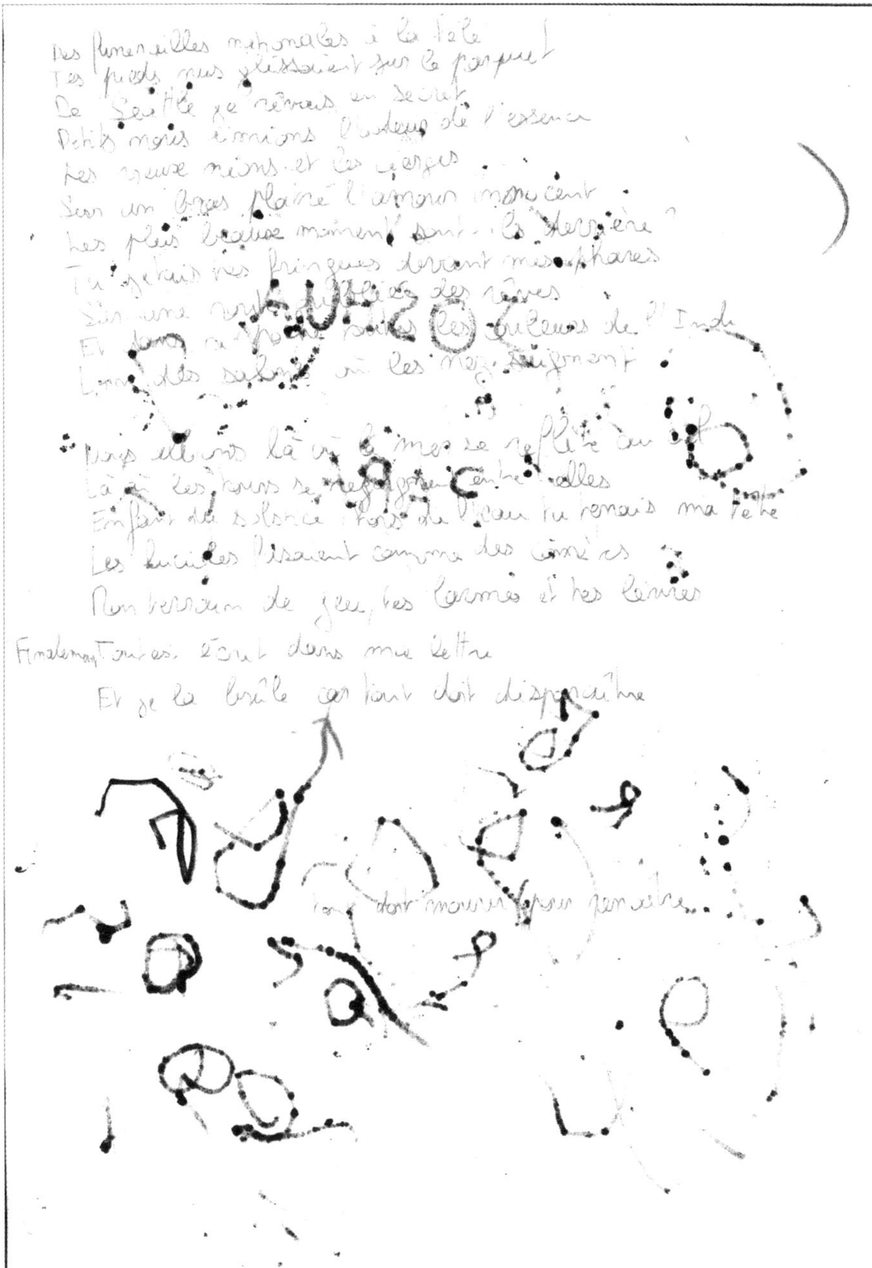

Paroles Enfant du solstice

INTERVIEW
Jocelyn Moze

D'OÙ VIENS-TU ET QU'EST-CE QUI T'A DONNÉ ENVIE DE FAIRE DE LA MUSIQUE ?

Je viens d'une famille de musiciens et comme on dit, la pomme ne tombe jamais bien loin de l'arbre ! Ma mère est pianiste, mon père bassiste, mon beau-père, lui, était batteur. La batterie était un instrument que j'adorais, je le trouvais très impressionnant. Mais ce que j'aimais avant tout, c'était cette sensation de liberté que j'étais petit, le soir, quand j'allais à des concerts où mes parents se produisaient. À l'âge de seize ou dix-sept ans il était très clair que je voulais faire de la musique mon métier. Rien d'autre.

QUEL EST TON PARCOURS DEPUIS LA PRATIQUE DE TON INSTRUMENT JUSQU'À TA PREMIÈRE EXPÉRIENCE DE GROUPE ?

J'ai eu ma première petite batterie vers dix ans. J'ai longtemps joué seul, sur des disques. À quatorze ans, j'ai rencontré des amis qui m'ont fait découvrir l'expérience du groupe, à seize j'ai monté le mien. Quand j'ai eu vingt ans, j'ai décidé de me donner toutes les chances pour aller plus loin et franchir un palier. Pendant deux ans, j'ai énormément travaillé avec mon beau-père, Simon Goubert. J'ai eu la chance que mon groupe fonctionne et je ne me suis jamais arrêté depuis. J'ai toujours été un batteur de groupe. Je n'ai quasiment jamais « accompagné » des gens ou des projets. Je voulais être impliqué dans la création de la musique que je jouais.

TE SOUVIENS-TU DE TA PREMIÈRE RENCONTRE AVEC LES MEMBRES DU GROUPE KYO ?

Très bien. Nous avions le même manager et nous avons été présentés à la fin d'un de leur concert à la Cigale à Paris. On est devenus potes instantanément.

COMMENT AS-TU VÉCU LE FAIT D'INTÉGRER LE GROUPE, LE RAPPORT AVEC LES FANS ET LE TRAVAIL SUR L'ALBUM *LA PART DES LIONS* ?

Le timing n'était pas idéal car je venais de monter un projet de *food truck* avec un pote. Trois semaines avant le début de cette nouvelle aventure, les Kyo m'ont proposé de les rejoindre. C'était un vrai dilemme, mais je ne pouvais pas refuser. Au départ, je devais remplacer Fab sur une date, mais il y en a eu une autre, puis dix et finalement, je suis resté. Certains fans du groupe étaient inquiets de ne pas revoir Fabien. D'autres me connaissaient d'Empyr et ont facilité mon « intégration » auprès des fans inquiets. Ils ont toujours été très bienveillants et m'ont manifesté beaucoup d'amour. Quant au groupe, on se connaissait très bien, on avait joué avec Ben et Flo dans Empyr,

Story Instagram : Media Live Actu
© Laura Gilli

CLIP
@KYO_OFFICIEL
Le groupe est de retour avec les deux premiers chapitre de son nouveau récit traduit par l'arrivée prochaine d'un 6ème et nouvel album !
Mon époque
Kyo
@LAURAG_PHOTO
À VOIR SUR WWW.LIVE-ACTU.COM
LIVE ACTU

pendant cinq ans. C'était naturel et ils m'ont laissé une vraie place, dans la composition et dans le reste, et je l'ai prise. Je n'ai jamais été considéré comme une pièce rapportée et je les en remercie énormément ; je me répète mais j'ai besoin de participer à la création pour me sentir heureux et engagé dans un projet.

TU N'ÉTAIS PAS DANS LE GROUPE LORS DE L'EXPLOSION DE L'ALBUM *LE CHEMIN* MAIS TU AS PARTICIPÉ ACTIVEMENT AUX REWORKS DE CETTE RÉÉDITION DES 20 ANS. QUEL EST TON SENTIMENT SUR CES TITRES ET CETTE SÉQUENCE INÉDITE ?

À l'époque du *Chemin*, on était déjà potes, j'étais aux premières loges. C'était démentiel, même de l'extérieur. Être impliqué dans cette démarche de donner un second souffle à ces morceaux si importants a été un honneur. Le résultat, lui, est bien au-delà de nos attentes.

UN MOT À DIRE SUR LES AUTRES MEMBRES DU GROUPE ?

À l'époque, Flo et Ben étaient déjà bien plus que des amis, je les considérais comme des membres de ma famille. Et j'ai rapidement noué des liens aussi forts avec Nico, que je connaissais moins. C'est un mec que j'aime beaucoup, une véritable rencontre. Tous ont des personnalités très différentes mais compatibles. La mienne complète plutôt bien le puzzle ! On est heureux ensemble en tous cas !

QUELS SONT VOS PROCHAINS PROJETS/DÉFIS AVEC KYO ?

Depuis plusieurs mois, on travaille sur un nouveau disque. Notre grand défi, c'est de réussir à élever encore et encore le niveau d'exigence, après tant d'années. J'espère qu'on y parviendra tous ensemble.

1 Music Live Bordeaux, 2021 © Loïc Cousin

TITRE DE L'ALBUM
L'ÉQUILIBRE

ANNÉE
2014

POUPÉES RUSSES

Dans la vie il y a les flaques et
les éclaboussures
Dans la rue les petites frappes, des lions,
des vrais durs
Dans la musique il y a des farces et les graines
du futur
Et si souvent des coups d'État, parfois
des investitures
Il y a des notes d'espoir, des images
qui saturent
Il y a ceux qu'on ne voit pas et il y a les statues
Il y a ceux qui aboient et quelques
vraies statures
Il y a ceux qui ont la foi et il y a les postures
Les épreuves, l'apprentissage et les coups
de ceinture
Il y a des cœurs des réceptacles et il y a
les ordures
On voit des bras qui se cassent dans la sueur
dans la sciure
Il y a ceux que l'on écrase et ceux qui exultent
Il y a les pièges, les arnaques, quelques âmes
encore pures
Il y a parfois des come-back parfois des
ruptures
Entre ma conscience et moi, deux poids
deux mesures
Il y a le temps des grands soirs et le temps
des blessures

Trois cents lésions et les rideaux se ferment
Vingt et un grammes pris dans l'atmosphère
Et tu me verras sourire du seul endroit
où je brille
J'ai l'impression d'être là où il faut être
Sur ma photo un trou de cigarette
Et tu me verras sans peine un soir où la lune
est pleine

Dans la vie il y a les claques et le côté obscur
Et dans mon cahier tant de pages remplies
de ratures
Les pieds collés au tarmac on ne voit que l'azur
Il y a le point de contact et le point de rupture
Et dans la rue le manque de tact et il y a
les injures
Et j'avais la larme à la barre, du sang dans
ma cellule
Un océan de vagues à l'âme quand j'ai cru
t'avoir perdue
Et dans mon cœur c'est la débâcle, j'aime tant
la vie, ça me tue

C'est juste un jour de plus
Entre l'enfer et le ciel
Le chant des poupées russes
Qui nous ensorcelle
C'est juste un jour de plus
Mais c'est un jour bien réel
Dans les bras de Vénus
Même l'amour est schizophrène

LE GRAAL

Comme Indy j'ai cherché le Graal,
la jeunesse éternelle
Le botox dans les veines
J'arrête de fumer et de boire chaque dimanche,
chaque semaine
J'ai rechuté hier

Estomaqué par la beauté du spectacle
Je marche sur les braises
Sans le vouloir

Sans anesthésie se recoudre l'arcade
Un goût de coma
Le sang sur le carrelage

Comme Indy j'ai cherché le Graal,
la jeunesse éternelle
Le botox dans les veines
J'arrête de fumer et de boire chaque dimanche,
chaque semaine
J'ai rechuté hier

La vie est joueuse
Puisqu'elle sait compter les cartes
Mais dans ma manche se cache
un cinquième as

Tout se mélange ici les hommes et les femmes
L'alcool et les corps
Les glaçons dans les flammes

Comme Indy j'ai cherché le Graal,
la jeunesse éternelle
Le botox dans les veines
J'arrête de fumer et de boire chaque dimanche,
chaque semaine
J'ai rechuté hier
Quand on voit la Terre de l'espace on oublie
ses problèmes
Mais j'ai les pieds sur terre
Je vois les anges depuis que Satan me tape
sur les nerfs
J'y crois dur comme fer

La vie est joueuse
Puisqu'elle sait compter les cartes
Mais dans ma manche se cache
un cinquième as

Et pas d'autre enjeu que de biaiser un peu
Les règles du jeu jusqu'au bouquet final

L'ÉQUILIBRE

La première nuit on s'emboîte
Puis transpirant on se décolle
Dos à dos comme une longue caresse
Qui lentement se dérobe
La millième nuit on suffoque
Besoin d'air et besoin d'espace
Nos pieds persistent puisqu'ils se touchent
Puis l'on s'évite puisqu'on se lasse
On rêve d'un goût inconnu dans la bouche
La nostalgie ne fait plus effet
C'est une pilule qui nous étouffe
Puis il y a cette femme qui tourne autour
Qui fait sa danse qui sème le doute
Et qui l'arrose de ses sourires
Mon Dieu que la sensation est douce

L'équilibre est fragile
Quand on navigue entre les rives
Je commence, tu termines
L'orage nous tient
Immobiles

Elle appuie là où ça fait mal
Jusqu'à ce que je craque
Jusqu'à ce que mes valeurs s'effondrent
Et que je passe à l'acte
Alors calmement tout explose
Il y aura l'avant et l'après
Comme une dose d'adrénaline
Sulfureusement injectée
Et puis je rentre tous les soirs
Chaque fois un peu plus tard
Avant chaque baiser c'est la douche
Pour se dire bonjour et bonsoir
J'ai l'impression de devenir fou
C'est l'arythmie dans le myocarde
Est-ce que je perds pied
Est-ce que c'est bien la fin de notre histoire

Cette nuit tu n'as pas dormi
Je t'ai retrouvée dans le noir
Les yeux gonflés par le mépris
Par la tristesse et par la rage
La voix cassée par les larmes
Tu veux connaître tous les détails

Ou, quand, comment
Et ce qu'elle a de plus que toi
Comme un enfant désemparé
J'essaie de te prendre dans mes bras
Mais la porte claque
Ma vie vient juste de voler en éclats
Et le silence me tabasse
Quand je n'entends plus ta voix
J'essaie de prendre la mesure
De l'étendue des dégâts
Mais c'est trop tard

On me dit que tu vas bien
Que tu as refait ta vie
Et qu'il n'est pas du tout comme moi
Qu'il ne te fera jamais souffrir
Mais moi je n'vais pas bien
Moi je n'ai pas refait ma vie
Je me retrouve juste comme un con
Dans une mauvaise comédie romantique
À écouter nos chansons
À regarder nos vieux films
Jusqu'à connaître par cœur
Les premières lettres qu'on s'est écrites

Mais quand l'amour est trop fort
Il ne veut pas qu'on se défile
Et je te retrouve devant ma porte
Avec tes deux petites valises
La première nuit on s'emboîte
Puis transpirant on se décolle
Dos à dos comme une longue caresse
Qui lentement se dérobe
La millième nuit on suffoque
Besoin d'air et besoin d'espace
Et j'ai l'impression que chaque soir
C'est toi qui rentres un peu plus tard

ENFANT DU SOLSTICE

Des funérailles nationales à la télé
Tes pieds nus glissaient sur le parquet
De Seattle je rêvais en secret
Petits nous aimions l'odeur de l'essence
Les vieux néons et les cierges
Sur un bras plâtré l'amour innocent
Les plus beaux moments sont-ils derrière ?
Tu jetais tes fringues devant mes phares
Sur une route oubliée des rêves
Et dans ta poche toutes les couleurs de l'Inde
Loin des salons où les nez saignent

Même s'il s'endort là où tu te couches
S'il a su délier les mots encore brûlants
accrochés à ta bouche
Tu penses à moi quand il te touche
S'il a su prendre ta corde à son coup
S'il a supplié prié dansé finalement se mettre
à genoux
Tu penses à moi sous sa douche

Nous allions là où la mer se reflète au ciel
Là où les tours se rejoignent entre elles
Enfant du solstice, hors de l'eau tu tenais ma tête
Les lucioles fusaient comme des comètes
Mon terrain de jeu, tes larmes et tes lèvres
Finalement tout est écrit dans ma lettre
Et je la brûle, tout doit disparaître

Même s'il s'endort là où tu te couches
S'il a su délier les mots encore brûlants

accrochés à ta bouche
Tu penses à moi quand il te touche
S'il a su prendre ta corde à son cou
S'il a supplié prié dansé finalement se mettre à genoux
Tu penses à moi sous sa douche

Cherchez l'erreur
Quand on a le cœur exposé, explosé aux quatre coins du globe
C'est le phénomène des vents contraires, pleurez, pleurez la risée du ciel
L'homme sans nouvelle

LES VENTS CONTRAIRES

Couché sous les pluies diluviennes
Du sang d'encre à peine
Dilué dans l'âme
Effusé dans l'air

Sur la buée des fenêtres
Le vestige de tes lèvres
Quelques chrysanthèmes
D'un joyeux Noël

Cherchez l'erreur
Quand on a le cœur exposé, explosé aux quatre coins du globe
C'est le phénomène des vents contraires, pleurez, pleurez la risée du ciel
L'homme sans nouvelle

Je t'ai crié sur tous les toits
Jusqu'à perdre haleine
Jusqu'à prendre le froid
Qu'aucun feu n'apaise

J'ai traîné sur les boulevards
Loué les chambres d'hôtel
Où je te revois
Danser sur les chaises

NUITS BLANCHES

Un canon sur la tempe
J'ai le cœur et l'âme en paix
Ton doigt sur la détente
Fais de moi ce qu'il te plaît
C'est violent mais c'est tendre
Presque animal
Quand la trajectoire de la balle
Épouse les formes de tes hanches

J'ai encore le goût de nos nuits blanches sur mes lèvres
De l'écume des jours agrippée à ton chevet
De l'écho (oh oh, oh oh) au sommeil de l'eau (oh oh, oh oh)
J'ai encore le goût des nuits blanches sur mes lèvres

Je t'écris sur les murs
Je t'écris du cœur de la ville
L'amour est une drogue dure
Et chaque dose m'éloigne du vide

Je t'écris du futur
Je vois nos vies

Et nos gosses sauter sur le lit
Des soleils brûlent dans nos bougies

J'ai encore le goût de nos nuits blanches
sur mes lèvres
De l'écume des jours agrippée à ton chevet
De l'écho (oh oh, oh oh) au sommeil
de l'eau (oh oh, oh oh)
J'ai encore le goût des nuits blanches
sur mes lèvres

C'est tout ce qu'on a
C'est tout ce qu'on a
Ça brûle encore

C'est toujours là
C'est toujours là
Quand on s'endort

Un canon sur la tempe
J'ai le cœur et l'âme en paix
Ton doigt sur la détente
Fais de moi ce qu'il te plaît

XY

J'ai cent fois
Refait le match
J'ai compté les points
Chacune de nos larmes
Mais quand on aime
On ne compte pas
On ne veut juste pas perdre
Mais personne ne gagne
À ce jeu-là
On remue la poussière
Pour en faire des éclats de verre
On peut remuer ciel et terre
Mais rien n'y fait ça ne bouge pas
Prisonnier de tes hanches
Tu m'assènes le baiser de l'ange
Alors seulement je baisse ma garde
Et je m'abandonne à tes bras

L'histoire
L'histoire ne dit pas
Comment l'on se dessine, comment l'on s'efface
Comment l'on se ranime, comment l'on se noie

Comment l'on se respire, comment l'on se tacle
Comment l'on se déchire, comment l'on se répare
Comment l'on se construit, comment
l'on s'échappe
L'amour ne tient qu'à un fil
Il donne, il prend puis s'en va

J'ai cent fois
Battu les cartes
J'ai serré les poings
J'ai sonné l'alarme
Mais quand la vie
Grandit en toi
On veut juste renaître
En croisant les doigts
Tout se complique
Il faut redéfinir la couleur de nos rêves
Et laisser le cœur s'agrandir
Pour voir ce qu'un X, un Y peuvent faire
Disciple de tes hanches
Je pleure en soulevant ce mélange
Alors seulement tu baisses ta garde
Et tu t'abandonnes à mes bras

MADONE

Si tu dois partir donne ton cœur à la science
On pourrait trouver de quoi ranimer nos sens
Quelques éclats de larme et de la nonchalance
Un peu de pudeur et beaucoup d'indécence

Dans l'air du temps
Tu te balances
Comme l'eau qui danse
À contre-courant

Tout le monde y pense
Mais personne ne bouge
Quand on n'sait faire que des tops 5 de tout
À la renverse tu t'éprends de la foule
À toi la Madone
Je chante la foudre
Pour que tu raisonnes
À l'Hymne à l'amour

Tu dessines sur les murs ce que l'on ne voit pas
C'est dans ta nature de prendre les gens
d'en bas

J'ai vu notre futur rouler entre tes doigts
Et rougir la lune quand elle s'adresse à toi

RÉCIDIVISTE

Récidiviste par amour
Pas d'alibi, coupable de tout
De toute façon je ne respire
Que la corde au cou

Je sais qu'un jour je pourrai dire
Souviens-toi comme nous étions libres
À la lumière indélébile
Nous prenions tout

C'est l'histoire d'un soir qui se transforme
en histoire
C'est une nuit d'hôtel qui mène à l'autel plus tard
C'est l'échappée belle
l'anomalie du siècle
Le nouveau fait divers
Pris dans l'atmosphère

Une décharge électrique
Un milligramme d'adrénaline
Mon cœur repart pour un grand huit
Je compte les tours

Et puisque le ciel comme le cygne
Est fait de beauté et de vice
J'attendrai la prochaine éclipse
Je compte les jours

Je marche
Sous toutes les échelles que je croise
Avec ma meute de chats noirs
Mes phalanges s'approchent du miroir
Mon visage vole en éclats

On ne m'a jamais tiré les cartes
Je n'ai jamais croisé l'oracle
Seulement des souvenirs que j'efface
Et quelques larmes qui claquent

Le haut-de-forme posé sur le lit
Déployez les parapluies
Le sort s'acharne à ce qu'on dit
Il ne laisse aucun répit

La vie a la gâchette facile
Mais tant que je saigne j'existe
Nus sous les feux d'artifice
On s'abandonne à la nuit

ON SE TOURNE AUTOUR

Et nos mains qui se cassent sur les portes closes
Nos joues qui se glacent quand on prend la pose
Nos doigts qui s'écorchent à la couleur des roses
Et tes jambes qui s'écartent à la chaleur
d'un autre

Nos yeux qui se cachent sous les ecchymoses
Nos voix qui s'écharpent dans ce qui les
opposent et

Moi j'ai cherché l'écharde, l'origine des maux
Mais ton lit restera mon dernier tombeau

On se tourne, tourne, tourne autour
Moi, je tends, tends, l'autre joue
Il n'y a pas de magie, ici, il n'y a pas
de poésie, mais
Il n'y a pas de violence, ici, quelques pages
que l'on a déchirées

De la poussière d'étoile dans la poche gauche
Des peintures de toi enfin quelques ébauches
Je brûlerai mon linge sale avant que tu ne
me fauches
Que la fournaise des corps me calme
et me réchauffe

Du haut des dunes, objectif lune
Les comètes fusent et se consument,
je me consume
Nos corps qui s'effacent à la faveur des ombres
Toi tu viendras m'éteindre dans la clameur
du monde

On se tourne, tourne, tourne autour
Moi, je tends, tends, l'autre joue
Il n'y a pas de magie, ici, il n'y a pas
de poésie, mais
Il n'y a pas de violence, ici, quelques pages
qu'on a déchirées

WHITE TRASH

Mon royaume assiégé
Elle a annexé mon canapé
Embrasé, désarmé
Je me suis constitué prisonnier

Elle veut de la vie en grosses coupures
Enfant de luxure tout ce qu'elle touche brûle

Possédé, possédé
Bien accroché
À son cœur de gitane

Dans les veines du sang d'Apache
Comme si Bonnie fumait Clyde
Pour partir avec le cash

C'est l'escalade
Le road trip puis le crash
Comme une marquise de Sade
Qui fait dans le White trash
White trash, white trash

Ses postures, impostures
Elle a pris mon passé mon futur
Écorché, écorché
Avalé, consommé, recraché

Encore et encore
Bien accroché
À son cœur de gitane

Dans les veines du sang d'Apache
Comme si Bonnie fumait Clyde
Pour partir avec le cash

C'est l'escalade
Le road trip puis le crash
Comme une marquise de Sade
Qui fait dans le White trash
White trash, white trash

LA ROUTE

Si simple et si sérieuse
Si belle et si rêveuse
Quand je l'embrasse et l'écoute
Je te rejoins sur la route

Si grande et si fragile
La force mais pas tranquille

L'orage est passé les gouttes
Coulent le long de ma route

Du haut de là-haut
De l'au-delà

Aha aha
Aha aha

Si courte et si sensible
La loi la plus terrible
Et si quelquefois je doute
Je te regarde sur la route

Si vieille et si lucide
La sourde et la naïve
Ta présence nous manque à tous
Regarde-nous sur la route

Du haut de là-haut
De l'au-delà

De haut de là-haut
De l'au-delà

Puisque ta peau est la mienne
Que je porterai tes chaînes
Je chanterai sur ma route
Ton amour tes doutes

Du haut de là-haut

TITRE DE L'ALBUM
DANS LA PEAU

ANNÉE
2017

LA TEMPÉRATURE

Il y a plus de portes que de clés dans
mes poches
Et plus de pages que de mots pour te lire
Que je t'ai chantés juste avec les mauvaises notes
Je t'ai emportée quand j'ai quitté la ville

Il y a plus de faire-part que de vraies histoires
Et plus de routes que de temps pour te suivre
Le chef de guerre est au diplomate
Ce que je suis à ton savoir-vivre

Et quelque part dans la nature
Je dors encore dans ma voiture

La température grimpe à faire exploser
le mercure
Silence, ou tout c'que tu diras
Sera retenu contre moi
La température grimpe à faire exploser
le mercure
Moi je rêve de passer les fêtes
À repeupler l'espèce

Il y a plus d'épaves que d'enfants dans les
squares
Plus d'étages que de marches à gravir
Mélange de Peaux-Rouges et de Visages pâles
Les jours de gloire tu feras danser la pluie

Et quelque part dans la nature
Je dors encore dans ma voiture

La température grimpe à faire exploser
le mercure
Silence, ou tout c'que tu diras
Sera retenu contre moi
La température grimpe à faire exploser
le mercure
Demain tu iras travailler
Dans ta tenue de soirée

PLAN A

Quand les verres se déplacent seuls
sur les tables
Que les traînes se prennent dans les bancs
de sable
Tu te lèves innocent, tu te couches coupable

Quand la raison s'étiole sous les nuits de cobalt
Que la tension des corps redevient palpable
Tu te lèves vivant tu te couches imbattable

J'ai tout vu, j'ai tout vu mais
Rien qui ne te ressemble
J'ai tout vu, j'ai tout vu en
Apparence
Il y a d'autres vies j'imagine
Des photos où tu n'apparais pas
Des âmes sœurs, des peaux compatibles
Des plan B planqués sous leurs draps
Mais quand tu te balades dans tes jeans
Souvent bien trop grands pour toi
J'ai beau être O négatif, je veux seulement
récupérer mon plan A
Mon plan A

J'ai raccroché la lune, à un lendemain de fête
Puisé dans mes victoires ma plus belle défaite
Ce soir nos différences dînent en tête à tête

Demain je ferai la même route en marche arrière
Allongé sur le lit de notre rivière
Deux pièces sur les yeux, une perle sur
les lèvres

J'ai tout vu, j'ai tout vu mais
Rien qui ne te ressemble
J'ai tout vu, j'ai tout vu en
Apparence

Il y a d'autres vies, j'imagine
Des photos où tu n'apparais pas
Des âmes sœurs, des peaux compatibles
Des plan B planqués sous leurs draps
Mais quand tu te balades dans tes jeans
Souvent bien trop grands pour toi
J'ai beau être 0 négatif, je veux seulement récupérer mon plan A
Mon plan A

J'ai tout vu, j'ai tout vu mais
Rien qui ne te ressemble

J'ai tout vu, j'ai tout vu en
Apparence

Il y a d'autres vies, j'imagine
Des photos où tu n'apparais pas
Des âmes sœurs des peaux compatibles
Des plan B planqués sous leurs draps
Mais quand tu te balades dans tes jeans
Souvent bien trop grands pour toi
J'ai beau être 0 négatif, je veux seulement récupérer mon plan A
Mon plan A

TON MEC

Il te fait perdre pied
La tête et les pédales
Ton inconnu est un pavé
Dans la mare des jours qui passent
De ses lèvres bien ajustées
Coulent des accents de bibliothèque
À croire qu'il ferait tout ou presque mieux que ton mec

Neuf comme un nouveau lycée
Comme le miroir des premières fois
Ton inconnu t'as remarquée
Dans la couleur de ton choix
Dans les tissus les plus légers
Dans ton uniforme de nymphette
Celui qui il y a quelques années aurait fait chavirer ton mec

Ton mec (× 3)

Des fleurs plein le barillet
Il a la gâchette facile
Ton inconnu te réinvente
À l'halogène de son désir

Il est l'homme des superlatifs
Pas celui des fins de mois
Ton inconnu ne parle pas de chiffres
Ni de sport le dimanche soir
Alors le sourire aux yeux et les larmes aux lèvres
Tu lui donnes un bout de toi, tu abolies les privilèges de ton mec

Ton mec (× 3)

Mais le soir les costumes
Retrouvent leurs cintres usés
Et le goût de l'amertume
De la lumière bon marché
Dans ses mauvaises habitudes
Tu observes ton garde-côte
Alors seulement tu réalises que ton mec est l'inconnu d'une autre

Ton mec (× 5)

FREMEN

Pendant que nos villes brûlent dans le carburant des urnes
Je te ferai l'amour comme on ne le fait plus
Les pieds dans le goudron, la tête dans les plumes
J'ai chuchoté si fort qu'tu m'as entendu

Je te ferai valser sur des tangos et vibrer les côtes
Tanguer sur des îlots d'un nouveau monde à l'autre
Je te ferai l'amour comme on ne le fait plus
J'ai chuchoté si fort qu'tu m'as entendu

Il pleut des cordes sur les gabardines
Moi j'ai toujours su que les femmes avaient le goût de grenadine
Les taxis passent et l'envie défile
À la vitesse d'un limier lâché sur sa cible

I'm coming after, coming after, coming after you
And I'm coming after, coming after, coming after you
I'm coming after, coming after, coming after you
And coming after, coming after, coming after you I'm

Je lève mon verre à la chaleur de l'épiderme
Aux enfants de chœur, aux brutes épaisses
Qui se donnent la réplique sans avoir lu leur texte

Je lève mon verre à nos succès, à nos échecs
À nos victoires, à nos défaites
À tes yeux de Fremen
Et à l'amour que je porte à cette époque obsolète

Nos meilleures histoires dorment sous les couvertures
Jusqu'à c'qu'une lampe, le soir, révèle la vraie nature
Les pieds au plafond, la tête dans le futur
J'ai chuchoté si fort que tout le monde s'est tû
Tournée générale, c'est pour moi, vas-y sers-toi
Ce que je donne je ne le reprends pas
J'ai croqué dans le fruit qui m'était défendu
Je te ferai la cour comme on ne le fait plus

Je lève mon verre à la chaleur de l'épiderme
Aux enfants de chœur, aux brutes épaisses
Qui se donnent la réplique sans avoir lu leur texte
Je lève mon verre à nos succès, à nos échecs
À nos victoires, à nos défaites
À tes yeux de Fremen
Et à l'amour que je porte à cette époque obsolète

I'm coming after, coming after, coming after you
And I'm coming after, coming after, coming after you

Je lève mon verre à la chaleur de l'épiderme
Aux enfants de chœur, aux brutes épaisses
Qui se donnent la réplique sans avoir lu leur texte
Je lève mon verre à nos succès, à nos échecs
À nos victoires, à nos défaites
À tes yeux de Fremen
Et à l'amour que je porte à cette époque obsolète

PRENDS-LE

J'peux rien prouver mais je le sens, mes lèvres posées sur le calice
Je suis à court d'argument : quand j'en ai trois, t'en as six
Tu penses qu'on a besoin de temps, qu'on a

besoin d'une expertise ?
Je parle de clan, de décennie je parle d'anniversaire surprise
De l'élite à la lie, de la lie à l'élite
La vie penche, l'équilibre est fragile
mais je te l'ai déjà dit
Il y a bien dans nos enfants 50 % de c'que je suis
Et puisque tu les aimes tellement, c'est que tu m'aimes un peu aussi

Alors prends-le, prends-le, prends-le
Mon amour est disponible en jouissance exclusive
Alors prends-le, prends-le, prends-le
Il faut que tu le canalises, tu es la seule cible qu'il vise

Il m'est difficile de prétendre que les choses se bonifient
Avec le temps, pourtant le temps sur toi n'aura jamais d'emprise
Je t'ai aimée sur un lit de camp j'honorerai chacune de tes rides
Pour toi je ferai parler la poudre jusqu'à c'que mon chargeur soit vide
Je suis pris dans ton avalanche je m'éteindrai si tu m'exiles
À la lisière des alizés ne reste que l'odeur de la pluie
J'ai de l'ADN de lycaon, je suis un peu lunatique
Mais quand il s'agit de vous quatre, mon amour est prolifique

Alors prends-le, prends-le, prends-le
Mon amour est disponible en jouissance exclusive
Alors prends-le, prends-le, prends-le
Il faut que tu le canalises, tu es la seule cible qu'il vise

Alors prends-le, prends-le, prends-le
Mon amour est disponible en jouissance exclusive
Alors prends-le, prends-le, prends-le

Il faut que tu le canalises, tu es la seule cible qu'il vise

J'peux rien prouver mais je le sens
Sous les flots d'artifice
Je n'suis pas dans l'air du temps
Je suis dans l'air que tu respires
Tu parles de disperser nos cendres
Dans le courant de la Tamise
Je parle de feux de la Saint-Jean
Je parle de braises que l'on attise

Alors prends-le, prends-le, prends-le
Prends-le, prends-le, prends-le
Il faut que tu le canalises, tu es la seule cible qu'il vise

DANS LES CORDES

Tous les amants du monde se tiennent droits comme des *i*
Tombés de l'échelle, voilés comme des *l* tombés du nid
Ils se figent à la seconde où ils se disent « Oui »
Si partout sur les ondes, on les traîne
Loin de la marge l'amour à l'étalage
Le service et la plonge pour mes hématomes
Et je passerai l'éponge, le témoin et la barre

C'est mouvementé dans les allées, les alcôves
C'est mouvementé, ça bouge, ça bouge, ça bouge

Tu t'es bien battu, mais
Tu donnes, tu donnes, tu donnes et ne lâche pas
Tu as joué pour gagner
Chaque fois un autre que toi reprendra ta place
Tu t'es bien battu, mais
Tu donnes, tu donnes, tu donnes et ne lâche pas
Tu as joué, tu as joué
C'est dans les cordes qu'on se révèle,
qu'on se dévoile

Les yeux de la Joconde m'étreignent
Là où je passe, partout où je traîne
Partout où je traque mon blues et ma peine
Quand la mode vient saigner tout sur son passage
Et tu peux me voir fondre sur place quand le jour se pâme
Du corps et du visage de Claudia Cardinale
Tu jetterais l'éponge les amarres, et les âmes
Mais ce qu'il y a de sombre

C'est mouvementé dans les allées, les alcôves
C'est mouvementé, ça bouge, ça bouge,
ça bouge
Tu t'es bien battu, mais

Tu donnes, tu donnes, tu donnes et ne lâche pas
Tu as joué pour gagner
Chaque fois un autre que toi reprendra ta place
Tu t'es bien battu, mais
Tu donnes, tu donnes, tu donnes et ne lâche pas
Tu as joué, tu as joué
C'est dans les cordes qu'on se révèle,
qu'on se dévoile

C'est mouvementé dans les allées, les alcôves
C'est mouvementé, ça bouge, ça bouge,
ça bouge

Tu t'es bien battu, mais
Tu donnes, tu donnes, tu donnes et ne lâche pas
Tu as joué pour gagner
Chaque fois un autre que toi reprendra ta place
Tu t'es bien battu, mais
Tu donnes, tu donnes, tu donnes et ne lâche pas
Tu as joué, tu as joué

C'est dans les cordes qu'on se révèle,
qu'on se dévoile

Tu t'es bien battu, mais
Tu donnes, tu donnes, tu donnes et ne lâche pas
Tu as joué pour gagner
Chaque fois un autre que toi reprendra ta place
Tu t'es bien battu, mais
Tu donnes, tu donnes, tu donnes et ne lâche pas
Tu as joué, tu as joué
C'est dans les cordes qu'on se révèle,
qu'on se dévoile

DANSE

Ce que tu sèmes je le récolte
C'est le « firefly effect »
Tu te blesses et je m'écorche
Si tu te coupes je m'infecte
Tu t'es penchée trop près du bord
J'ai le vertige au sommet
L'ombre du faible et du fort
Dépend de sa place au soleil

Alors danse, danse
Puisque tes jambes paraissent immenses
Danse, danse, danse
Et ça cogne fort sous les torses dans l'assistance
Danse, danse, danse

Ce que tu goûtes je le dévore
Je suis pieds et poings liés
Si tu nages trop loin du bord
Moi sur le sol je n'ai plus pied
Et je prends ta vie comme un trésor

Que je garde au canon scié
Quelques virages à la corde
Pour pouvoir franchir l'arrivée

Ce que tu sèmes je le récolte
C'est le « firefly effect »
Tu te blesses et je m'écorche
Si tu te coupes je m'infecte

Alors danse, danse
Puisque tes jambes paraissent immenses
Danse, danse, danse
Et ça cogne fort sous les torses dans l'assistance
Danse, danse, danse

Pour prendre le large
Il faut que le vent souffle
Alors je souffle, j'ai de la marge
Mais il se peut qu'un jour je m'étouffe

Pour prendre le large
Il faut que le vent souffle
Alors je souffle, j'ai de la marge
Mais il se peut qu'un jour je m'étouffe

Alors danse, danse
Puisque tes jambes paraissent immenses
Danse, danse, danse

Et ça cogne fort sous les torses dans l'assistance
Danse, danse, danse

Alors danse, danse
Puisque tes jambes paraissent immenses
Danse, danse, danse
Et ça cogne fort sous les torses dans l'assistance
Danse, danse, danse

PLUS À GAGNER QU'À PERDRE

Hé, on vient finir ce qu'on a commencé
Se réconcilier sur l'oreiller
Si pendant quelques secondes j'aimais le monde comme tu m'as aimé
Je sortirais de là, auréolé
Pour toujours et à toi aliéné
Ce que l'on possède finit toujours par nous posséder

On a plus à gagner qu'à perdre
À vouloir incendier
Les deux bouts de notre chandelle
On pourrait s'échouer
Inspire, expire, respire
On a plus à gagner qu'à perdre
Au fond du barillet

Hé, on s'est retrouvés parachutés
Dans les rues ici à la volée
La voile en torche, le cœur en poche comme seul à lier
Depuis le philtre d'amour a tourné
Et les larmes ont coulé du barillet

J'ai laissé scotchée ma dignité dans le barillet

On a plus à gagner qu'à perdre
À vouloir incendier
Les deux bouts de notre chandelle
On pourrait s'échouer
Inspire, expire, respire
On a plus à gagner qu'à perdre
Au fond du barillet

On a plus à gagner qu'à perdre
À vouloir incendier

Les deux bouts de notre chandelle
On pourrait s'échouer
Inspire, expire, respire
On a plus à gagner qu'à perdre
Au fond du barillet
Inspire, expire, respire
On a plus à gagner qu'à perdre
Au fond du barillet

PLUS QUE MES DOUTES

Je voulais t'aimer,
Plus que tout plus que mes doutes,
plus que le temps
Celui qui pousse à se mentir à faire semblant
À faire fausse route
Plus que mes doutes

Je voulais t'aimer,
Plus que moi-même plus qu'il nous coûte
Plus noir plus grand
Passionnément à ton sourire à nos enfants
À notre couple
Plus que mes doutes

Et je passe mon cœur dans des machines
Je l'ouvre et je le dessine
Je crains qu'il se défile de peur
Et je passe mon cœur à l'encre de Chine,
Le pèse et le dessine
Je crains qu'il se défile
De peur

Je voulais t'aimer
Plus qu'hier mieux pour demain
Plus sûr plus blanc
À faire pâlir à faire courir
Pour le restant
De nos beaux jours
Plus que toujours

Je voulais t'aimer,
Plus que tout plus que mes doutes plus
que le temps
Celui qui pousse à se mentir à faire semblant
À faire fausse route
plus que mes doutes

Et je passe mon cœur dans des machines
Je l'ouvre je le dessine
Je crains qu'il se défile de peur
Et je passe mon cœur à l'encre de Chine,
Le pèse et le dessine
Je crains qu'il se défile
De peur

TROISIÈME PAS

Au-dessus des murs à abattre
Dansent les fils des acrobates
J'ai passé deux heures devant le miroir
Pour être bien sûr que c'était moi

Du pain et des jeux pour nous faire croire
Que la mer est plus belle sans les vagues
J'ai passé deux heures devant l'abattoir
Pour être bien sûr de ne pas t'y voir

J'ai campé au pied des tours d'ivoire
Les yeux rivés sur leurs balustrades
Sur des rêves fanés à tous les étages
Sur des histoires qui finissent mal
Mal, mal, mal, mal

Mais n'oublie jamais que je ferais pour toi
Le premier, le second et le troisième pas
Je ne reculerai que pour mieux sauter

J'ai trop peur de basculer du mauvais côté
Le cœur est lourd on fera toujours le poids
J'ai vu le ciel s'embraser pour beaucoup moins que ça
De l'écume jusque sur nos paliers
Je fredonne la mélodie des accidentés

Dans le salon les fausses accolades
Dans les rues les héritiers d'Atlas
Quelques pornostars qui se rêvent le soir

En nouvelle danseuse étoile
J'irai me décrocher la mâchoire
Pleurer ceux qui ont marqué l'histoire
Je passerai mon âme à la lumière noire
Pour ne jamais te faire mal
Mal, mal, mal, mal

Mais n'oublie jamais que je ferais pour toi
Le premier, le second et le troisième pas
Je ne reculerai que pour mieux sauter
J'ai trop peur de basculer du mauvais côté
Le cœur est lourd on fera toujours le poids
J'ai vu le ciel s'embraser pour beaucoup moins que ça
De l'écume jusque sur nos paliers
Je fredonne la mélodie des accidentés

Mais n'oublie jamais que je ferais pour toi
Le premier, le second et le troisième pas
Je ne reculerai que pour mieux sauter
J'ai trop peur de basculer du mauvais côté
Le cœur est lourd on fera toujours le poids
J'ai vu le ciel s'embraser pour beaucoup moins que ça
De l'écume jusque sur nos paliers
Je fredonne la mélodie des accidentés

Le cœur est lourd on fera toujours le poids
J'ai vu le ciel s'embraser pour beaucoup moins que ça
De l'écume jusque sur nos paliers
Je fredonne la mélodie des accidentés

PRENDS LES COUPS

Je porte la marque intacte de ton ombre au tableau
Nos rodéos se terminent en douche froide
Une, deux, trois, cent lésions sur les épaules
Ça laisse des traces
Et peu d'eau sous les ponts
Et la nuit est jeune
La nuit est jeune
Et opaque
J'entends des voix

Prends les coups mais ne les rends pas
J'essaie, j'essaie
Prends les coups bas et détends-toi
J'essaie mais je n'y parviens pas
Et prends ça, accepte
J'accepte, t'as le goût des premières fois
Je teste et je m'en mords les doigts

Si tu me plaques au sol
Tu te couches avec moi
Le sexe fort
Celui qui s'en sort
J'ai vu deux, trois, photos de nos funérailles
Ça déboussole

Prends les coups mais ne les rends pas
J'essaie, j'essaie
Prends les coups bas et détends-toi
J'essaie mais je n'y parviens pas
Et prends ça, accepte
J'accepte, t'as le goût des premières fois
Je teste et je m'en mords les doigts

J'ai toujours su que ça finirait comme ça
L'élixir est puissant
Mais j'ai pas le temps, j'ai plus le temps
J'ai toujours su que ça finirait comme ça
Le plaisir est violent
Mais j'ai pas le temps, j'ai plus le temps

J'ai toujours su que ça finirait comme ça
L'élixir est puissant
Mais j'ai pas le temps, j'ai plus le temps
J'ai toujours su que ça finirait comme ça
Le plaisir est violent
Mais j'ai pas le temps, j'ai plus le temps

Prends les coups mais ne les rends pas
J'essaie, j'essaie
Prends les coups bas et détends-toi
J'essaie mais je n'y parviens pas
Et prends ça, accepte
J'accepte, t'as le goût des premières fois
Je teste et je m'en mords les doigts

SEPT VIES

L'amour est hémophile
Fragile mais contagieux
Ne t'approche pas trop près de nous
C'est dangereux
Je serai la force tranquille
Ou bien l'huile sur le feu
Je cocherai les cases de la liste
De tes vœux

La vue est magnifique
Contemple-la tant que tu peux
La lumière alcaline
Le bien, l'ennemi du mieux
Tant que le temps défile
Tout doit se vivre à deux
Je pratique le langage des signes
Et celui du feu

Sept vies
Sept nuits
Sept jours
Le temps qu'il me faut pour faire le tour
Les anneaux qui jalonnent mon parcours
De l'or pâle, de l'or vert, de l'or rouge
Sept vies
Sept nuits
Sept jours
Le temps qu'il me faut pour faire le tour
De l'espace entre tes chevilles et ton cou
De l'amour, de l'amour, de l'amour

Je n'ai pas le goût du risque
J'ai le goût de l'enjeu

Je veux me contenter de toi
Mais pas de peu
Sous les feux d'artifice
Nos démons font la queue
Mon cœur est d'origine
Mon esprit spiritueux
Les parfums d'aubépine
Gagnent un destin pluvieux
Celui qui ne t'envie pas
Ne saurait être envieux
Des talons, des aiguilles
Des flambeaux dans les cheveux
Je capture la tour

Je ne clignerai plus des yeux

Sept vies
Sept nuits
Sept jours
Le temps qu'il me faut pour faire le tour
Les anneaux qui jalonnent mon parcours
De l'or pâle, de l'or vert, de l'or rouge
Sept vies
Sept nuits

Sept jours
Le temps qu'il me faut pour faire le tour
De l'espace entre tes chevilles et ton cou
De l'amour, de l'amour, de l'amour

Sept vies
Sept nuits
Sept jours
Le temps qu'il me faut pour faire le tour
De l'espace entre tes chevilles et ton cou
De l'amour, de l'amour, de l'amour

TITRE DE L'ALBUM

LA PART DES LIONS

ANNÉE

2021

MARGAUX, OMAR ET MARLOW

Margaux a du chien comme diraient nos pères
Elle a fait le mur et son sac à dos
Du haut de ses jambes à tomber par terre
Elle opère et patrouille dans les bas-fonds

Puisqu'il n'y a rien de plus beau
Il n'y a rien de plus beau
Que la nuit noire indigo

Omar traîne sa vie dans les open space
À pleurer des pierres et ses idéaux
Il rêve le soir des jours de paie ou de fête
De souffler de l'or sur ses grands chevaux

Puisqu'il n'y a rien de trop beau
Il n'y a rien de trop beau
Pour les beaux yeux de Margaux
Il n'y a rien de plus beau
Il n'y a rien de plus beau
Que la nuit noire indigo

Marlow n'a qu'un de ses deux pieds sur terre
Il se rêve en crooner des temps nouveaux
Il jette sur les murs ses bouteilles de verre
En cachette, il en ramasse les morceaux

Puisqu'il faut bien faire le beau
Il faut bien faire le beau
Devant Omar et Margaux
Seule chance sur le réchaud
De l'amour plein les fourneaux
L'enfant sur l'échafaud
C'est le cœur quand il explose

Margaux a ses grands yeux scotchés au ciel
Et ses mains dans celles d'Omar et Marlow
Elle a un grand rôle dans une petite pièce
Et la tête sur les épaules des autres

Puisqu'il n'y a rien de plus beau
Il n'y a rien de plus beau
Que Margaux, Omar et Marlow

ENFANT DE LA PATRIE

Tes gyrophares seront (bleus), demain mon
corps sera (bleu)
Mes derniers mots seront (bleus) dans mes
poumons des lotus (bleus)
Comme une orange ma Terre est (bleue), fremen
mes yeux sont (bleus)
J'vis ma vie sur fond (bleu), j'y mets des lagons
(bleus)
Dans mes veines du sang (bleu) sur ma
couronne le diamant (bleu)
Soldats de l'armée (bleue), vingt ans au front
je reste un (bleu)
Échappé d'un conte (bleu), mon âme couverte
de (bleus)
Enfant de la Lune (bleue), je l'ai vue la
belle bleue

Calme
Pour l'instant j'étudie, enfant paumé de la patrie
Petit dernier de la fratrie
Je reste calme
Quand le sang chaud coule à flots, je viens

recoller les morceaux
De mon drapeau en lambeaux

Pourquoi mes pages sont (blanches), alors qu'mes nuits sont (blanches)
Enfant d'un mariage (blanc), demain ta robe sera (blanche)
Enveloppé dans un drapeau (blanc), tu as caché une arme (blanche)
Au milieu des grands (blancs), je tire des balles à (blanc)
Dans les urnes que des votes (blancs), enfant de la lune (blanche)
J'ai sorti mes gants (blancs), pour nourrir des loups (blancs)
Les pieds noyés dans la mer (blanche), le cœur chauffé à (blanc)
J'ai jeté des pierres (blanches), pris dans l'alcool blanc

Calme
Pour l'instant j'étudie, enfant paumé de la patrie
Petit dernier de la fratrie
Je reste calme
Quand le sang chaud coule à flots, je viens recoller les morceaux
De mon drapeau en lambeaux

Rouge
Rouge
Rouge
Rouge

Incendier les feux (rouges), sortez les tapis (rouges)
C'est l'ère des lanternes (rouges), des marqués au fer (rouge)
Ma vie décousue de fil (rouge), j'ai vu des champs de soleils (rouges)
Mon cœur sur liste (rouge), ma vie passée dans l'(rouge)
À dos de cheval (rouge), je vois la vie en (rouge)
Descendants de Peau-(Rouge), du mauvais côté d'la ligne (rouge)
Sortez les téléphones (rouges), sonnez l'alerte (rouge)
Dans mon cœur des roses (rouges) dans ta bouche de l'or rouge (je reste)

Calme
Pour l'instant j'étudie, enfant paumé de la patrie
Petit dernier de la fratrie
Je reste calme
Quand le sang chaud coule à flots, je viens recoller les morceaux
De mon drapeau en lambeaux

MON ÉPOQUE

Ce soir j'ai le mal de mon époque
Je remplis des pages, ce soir je noircis des blocs
Et si on se croise il faudra baisser les stores
S'éclater les cordes vocales, s'aimer c'est du sport

Pas la même ligne de départ, pas la même ligne d'arrivée
Tous nés sous un cimetière d'étoiles mais pas tous aussi bien nés

Ma vie un backstage, mon futur un blindtest
Toujours en quête de la prochaine quête
Je suis mal dans ta peau
T'es mal dans la mienne

Ce soir j'ai le mal de mon époque
Je remplis des pages, ce soir je noircis des blocs
Et si on se croise il faudra baisser les stores
S'éclater les cordes vocales, s'aimer c'est du sport

Ce n'est pas ton jour, pas ton mois, pas ton année

Le bonheur court toujours après l'horizon à vol d'oiseau blessé

Ma vie un backstage, mon futur un blindtest
Toujours en quête de la prochaine fête
Je suis mal dans ta peau
T'es mal dans la mienne

Ce soir j'ai le mal de mon époque
Je remplis des pages, ce soir je noircis des blocs
Et si on se croise il faudra baisser les stores
S'éclater les cordes vocales, s'aimer
c'est du sport

Je ne veux pas rester seul

Je ne veux pas rester seul
Je ne veux pas rester seul, oh
Je ne veux pas rester seul
Je ne veux pas rester seul, oh

QUAND JE SERAI JEUNE

Quand je serai jeune je prendrai la part
des lions et
Je ne prendrai plus les oui pour des non et
Accroché aux aiguilles des pendules
Je ferai tout pour que le temps recule

Quand je serai jeune je quitterai les bancs
de touche
Je serai capitaine de l'équipe de foot et
J'apprendrai aux grands qu'on grandit pas
En marchant sur plus petit que soi et

Quand je serai jeune je te prendrai dans
mes bras, j'essaierai
De rire plutôt que de rire de toi et
Je m'entraînerai des heures dans la cage
Pour casser la gueule aux bizutages

Ce sera mieux avant
Ce sera mieux avant
La fin du commencement
Ce sera mieux avant
Ce sera mieux avant
La fin du commencement

Quand je serai jeune je ne jouerai pas la montre
J'aurai moins peur de faire des rencontres
J'arrêterai de lire les dernières pages
Pour m'épargner la fin des voyages

Quand je serai jeune je prendrai ta part d'ombre
Pour en faire de la musique du monde et
Je découperai des morceaux de nuit
Pour te faire des robes d'origami et

Quand je serai jeune je referai plein
d'erreurs, pour
Noircir des pages, pour habituer mon cœur et
Je te dirai de garder notre enfant
Pour te garder avec moi plus longtemps

Ce sera mieux avant
Ce sera mieux avant
La fin du commencement
Ce sera mieux avant
Ce sera mieux avant
La fin du commencement

Quand je serai jeune je prendrai la tangente
Toujours perpendiculaire à la pente
Je lâcherai les combats perdus d'avance
Je laisserai moins de place à la chance et

Quand je serai jeune je volerai dans les plumes,
je prendrai
Mon étoile et ma parcelle de bitume
Je t'empêcherai de prendre le volant

Un 3 décembre avec trois grammes
dans le sang

Ce sera mieux avant
Ce sera mieux avant
La fin du commencement
Ce sera mieux avant
Ce sera mieux avant
La fin du commencement

TOURISTE EN HIVER

Ma peine à ta porte
Mon costume noir d'homme ordinaire
Échoué sous ton porche
Je perds la revanche pour faire la belle

Des soleils de titane
Brûlent à faire pâlir à l'extrême
La fureur hooligan
Colore-moi, colore-moi, colore ma peine

La façon dont j'aime ce monde est tragique
Je l'aime jusqu'à mordre ta poussière
Tu es mon futur souvenir
J'suis qu'un touriste en hiver

Sous une pluie d'Écosse
Ton make-up coule dans la rivière
Dans les veines du sang corse
Je colle ton ventre à mon oreille

Et si ton corps est ma maison
Ce soir j'aimerai rentrer chez moi
M'endormir pour de bon
Colore-moi, colore-moi, colore-moi

La façon dont j'aime ce monde est tragique
Je l'aime comme si je pouvais tout perdre
Tu es mon futur souvenir
J'suis qu'un touriste en hiver

La façon dont j'aime ce monde est magique
Je l'aime ça n'a rien de personnel
Mais du nadir au zénith
J'suis qu'un touriste en hiver

Je vis ma vie de loser avec style
Je suis le premier des derniers clowns tristes

La façon dont j'aime ce monde est tragique
Je l'aime jusqu'à mordre ta poussière
Tu es mon futur souvenir
J'suis qu'un touriste en hiver

La façon dont j'aime ce monde est magique
Je l'aime ça n'a rien de personnel
Mais du nadir au zénith
J'suis qu'un touriste en hiver

Je vis
Je suis

Qu'est-ce que tu m'as fait
Je voulais seulement connaître ton nom
Et quel goût tu avais
Te voir nue, t'écrire en chanson
J'ai de l'eau-de-vie et des doutes
Ce soir-là, tu m'as mis de la poésie plein
la bouche
Colore-moi, colore-moi, colore-moi

STAND UP

Il me dit que je suis belle, qu'il a rarement vu ça
En tout cas, rien de tel depuis la dernière fois
C'est la moisson des cœurs, le mien s'est
fait faucher

Dis-moi de quelle hauteur j'suis tombé
à ses pieds
Oh, dis-moi de quelle hauteur
De quelle hauteur ?

Il a débarqué d'un film, sorti le grand jeu
Je me suis sentie libre, brillant dans ses yeux
J'ai côtoyé la cime du monde des gens heureux
Partenaire de crime de ceux qui vibrent à deux
De ceux qui vibrent à deux
Et rien qu'à deux

Il m'a pris la main pour me la demander
J'ai sauté dans le grand bain sans trop
savoir nager
J'ai sauté dans un train sans aucun passager
On n'est pas clandestin si on n'est pas contrôlé

Mon cœur m'a dit : lève-toi
Mon corps m'a dit : tire-toi
Stand up and live
Stand up and live your life
Mon cœur m'a dit : lève-toi
Mon corps m'a dit : tire-toi
Stand up and live
Stand up and live your life

J'ai quitté mon job, on a déménagé
Je ne ferme plus les portes, je n'vais plus danser
Toujours plus loin de mes potes, qui n'a
jamais aimé
Ils ne me connaissent pas comme lui me connaît
Mais moi je les aime tellement
Je les ai tellement aimés

Hier j'étais sa louve, il paraît qu'aujourd'hui
Ma jupe est bien trop courte, mes idées aussi
Il n'est plus jamais dupe du balancement
de mes cuisses
Maquillée comme une pute, j'ai perdu son estime
J'vais finir empaillée dans la chambre du bébé

Il m'a pris la main pour me la demander
J'ai sauté dans le grand bain sans trop
savoir nager
J'ai sauté dans un train sans aucun passager
On n'est pas clandestin si on n'est pas contrôlé

Mon cœur m'a dit : lève-toi
Mon corps m'a dit : tire-toi
Stand up and live
Stand up and live your life
Mon cœur m'a dit : lève-toi
Mon corps m'a dit : tire-toi
Stand up and live
Stand up and live your life

Mon cœur m'a dit : lève-toi
Mon corps m'a dit : tire-toi
Stand up and live
Stand up and live your life
Mon cœur m'a dit : lève-toi
Mon corps m'a dit : tiire-toi
Stand up and live
Stand up and live your life

COMÈTE

Le vent s'est logé dans les tranchées urbaines
Il a fait virevolter les jupes et les chapeaux
Le casque bien vissé sur mes deux oreilles
Je marche à la baguette aux lois du tempo,
oh, oh

Et moi je cherche ma majorette
Dans les flambeaux de sa montagne inerte
Dans le ballet des allumettes
Qui chantent et dansent à s'allumer la tête
Alors je brûle
Ma comète

Toujours à la recherche de mon étoile naine
Mes épaules solidement soudés à mon dos
Si l'on s'avisait de tromper la scène
Elle nous laisserait, laisserait sur le carreau,
oh, oh

Et moi je cherche ma majorette
Dans les flambeaux de sa montagne inerte
Dans le ballet des allumettes
Qui chantent et dansent à s'allumer la tête
Alors je brûle
Tant qu'elle elle brille
Ma comète

Dehors j'entends la pluie polir les trottoirs
Sur fond de mauvais jazz, de mauvais polar
On a trouvé dans l'art et la manière
Ce qu'on a égaré d'instinct grégaire
Oh, oh

Et moi je cherche ma majorette
Dans les flambeaux de sa montagne inerte
Dans le ballet des allumettes
Qui chantent et dansent à s'allumer la tête

Ma comète, ma comète, ma comète
Ma comète, ma comète, ma comète

QUITTER LA VILLE

Je voudrais chanter comme je parle
J'aimerais parler comme je pense
Mais je voudrais penser comme je chante
Alors dis-moi par où on commence ?

Je n'ai jamais voulu être libre
Je voudrais qu'on m'enferme avec toi
Je n'ai jamais voulu mourir jeune
Mais seulement mourir avant toi

Dans ce brouhaha bébé
Je n'ai cessé de t'aider désolé
De n'avoir pas pu faire plus
De n'avoir pas pu

Il nous reste un jour pour quitter la ville
Nos visages sur les vitrines
Sous des nombres à six chiffres
De l'air pur dans les poches de nos jeans
De quoi remplir nos valises
Juste de quoi voir venir
Et le reste va suivre
Tout le reste va suivre

Je voudrais que tu vives comme tu rêves
Que tu marches comme tu danses
Seulement respirer le même air
Qu'il n'y ait jamais de différence

Je n'ai jamais voulu être libre
Je voudrais qu'on m'enferme avec toi
Je n'ai jamais voulu mourir jeune
Mais seulement mourir avant toi

Dans ce brouhaha bébé
Je n'ai cessé de t'aider désolé
De n'avoir pas pu faire plus
De n'avoir pas pu

Il nous reste un jour pour quitter la ville
Nos visages sur les vitrines
Sous des nombres à six chiffres
De l'air pur dans les poches de nos jeans
De quoi remplir nos valises
Juste de quoi voir venir

Et le reste va suivre
Et le reste va suivre
Le reste va suivre
Et le reste va suivre
Tout le reste va suivre

Il nous reste un jour pour quitter la ville
Nos visages sur les vitrines
Sous des nombres à six chiffres
De l'air pur dans les poches de nos jeans
De quoi remplir nos valises
Juste de quoi voir venir
Mais

Il nous reste un jour pour quitter la ville
Nos visages sur les vitrines
Sous des nombres à six chiffres
De l'air pur dans les poches de nos jeans
De quoi remplir nos valises
Juste de quoi voir venir
Et tout le reste va suivre

PARIS

Des roses noires ont poussé
Dans les couloirs du monde
Et le pollen retombe
Dans les rues de ma ville

Des roses rouges ont fané
Au milieu des décombres
Mais ma ville est féconde
Elle regorge de vie

Ce soir j'ai le mal de mon époque
Mais on a de l'amour en stock
Pour inonder ma ville
Les lumières ont dansé
Elles font danser les ombres
Et ont jeté leurs ombres
Aux crocodiles

Ça cogne fort
Dans le cœur des femmes
Dans le cœur des hommes
De ceux qui résonnent encore
Ma ville s'endort
On nous écrira dans les livres d'or
Nos cœurs sont des coffres-forts
Paris plie mais ne rompt pas

Le vin rouge a tourné
On ne refait plus le monde
La poésie succombe
À la mélancolie

Mais le vent va tourner
On a la force du nombre
Les rêveurs font salle comble
Dans les rues de ma ville

Ce soir j'ai le mal de mon époque
Mais on a de l'amour en stock
Pour inonder ma ville
Même si tout a changé
On ne joue pas la montre
À l'heure de faire les comptes
On choisit la vie

Ça cogne fort
Dans le cœur des femmes
Dans le cœur des hommes
De ceux qui résonnent encore
Ma ville s'endort
On nous écrira dans les livres d'or
Nos cœurs sont des coffres-forts
Paris plie mais ne rompt pas

APRÈS MINUIT

Pour toi je ne serai plus moi
Je serai l'employé du mois
Veux-tu m'épouser même si on ne s'aime pas ?

Je philosophe à mon comptoir
Je prends ma peine à mon compte, toi

Tu feras de ma vie un compte noir
Promis

Nos traces de doigts sur les vitrines
On nous a vendu l'âme à l'estime

On veut bien mourir mais pas souffrir
Le cœur est lourd et plein d'épines
On déplace les lignes pour ne pas les franchir
Normal

Il y a celui que je suis
Il y a celui que je voudrais être
Après minuit je ne change pas je vais disparaître
Là où l'horizon a tremblé, tremblé j'ai dansé la pluie
Les fantômes de la fin de l'été ont chanté après minuit

Manteau de verre et de poussière
On se débat on se déchaîne
De la colère en fût de chêne
On se débrouille

Est-ce le spleen de la street, est-ce ?
La poésie que j'abrite, est-ce ?
Les conséquences de la tristesse
Je dérouille

Nos traces de doigts sur les vitrines
On nous a vendu l'âme à l'estime

J'essaie seulement d'être heureux
En t'attendant en attendant mieux
Le bonheur, la corde ou les deux
C'est mon heure

Il y a celui que je suis
Il y a celui que je voudrais être
Après minuit je ne change pas je vais disparaître
Là où l'horizon a tremblé, tremblé j'ai dansé la pluie
Les fantômes de la fin de l'été ont chanté après minuit
La nuit le désir est hostile, hostile
On dira que nous étions sublimes, sublimes

Là où l'horizon a tremblé, tremblé j'ai dansé la pluie
Les fantômes de la fin de l'été ont chanté après minuit
La nuit le désir est hostile, hostile
On dira que nous étions sublimes, sublimes

MON IMMEUBLE

Dans mon immeuble y a des cœurs qui battent
Y a des cœurs qui se battent
Il y a des cœurs qui se débattent

Il y a des portes qui claquent
Et des claques qui portent
Jusqu'à mon étage
Jusqu'à mon époque

Il y a des jeunes filles au pair
Qui repartent en cloque
Et des fils à leur mère
Qui font voler leurs clopes

Il y a des haches de guerre
Qu'on n'enterre jamais
Des calumets de la paix
Dans les cendriers

Je me suis tourné la tête
À compter les histoires
Je suis le seul fait divers
À dormir seul ce soir

Je vis des afters d'after
Derrière mes murs de plâtre
Je confonds les jours et les heures
Quand je m'endors seul le soir
Quand je m'endors seul le soir

Dans mon immeuble
Il y a des cœurs à prendre
Il y a des cœurs à vendre
Il y a des soirs à se rependre

Il y a des anges qui passent
Des rideaux qui craquent
Il y a des corps qui miaulent
Du soir à l'aube

Dans mon immeuble
Il y a des cours de piano
Et des gens qui chantent faux
Il y a des coups dans les plafonds

Il y a un homme le jour
Qui devient femme la nuit
Ouais dans mon immeuble
Ça regorge de vie

Je me suis tourné la tête
À compter les histoires
Je suis le seul fait divers
À dormir seul ce soir
À dormir seul ce soir

Je vis des afters d'after
Derrière mes murs de plâtre
Je confonds les jours et les heures
Quand je m'endors seul le soir
Quand je m'endors seul le soir

Moi je vis tout seul au troisième étage
Dans mes souvenirs
Pris dans des barreaux sans cage
À faire des rêves vides qui n'attendent que toi
Qui fais les cent pas dans l'immeuble d'en face
Tu vis toute seule au troisième étage
Au milieu des valises et des cartons intacts
À faire les cent pas
Sous le regard brûlant du voisin d'en face

2023-2025

VINGT ANS DÉJÀ

Culture & loisirs, Musique

« On compte les jours » : Kyo ressort son tube « Dernière danse » vingt ans après

Le groupe de pop-rock a enregistré une nouvelle version de son tube en duo avec la chanteuse québécoise Cœur de Pirate.

Le groupe Kyo sort vendredi une nouvelle version de son tube de l'année 2003, « Dernière danse ». DR.

Le Parisien, 2023

Kyo : découvrez la reprise de « Je cours » avec Nuit Incolore

Publié le 21-11-2023 - 3 min de lecture

Le groupe Kyo célèbre le 20ème anniversaire de son album avec une réédition. Découvrez celle de Je cours avec le phénomène Nuit Incolore.

NRJ Belgique, 2023

TU N'EN ES PLUS À ÉCRIRE SOIXANTE-DIX CHANSONS, COMME POUR LE PREMIER ALBUM ?

Je crois que, pour le prochain, on n'en sera pas loin. On a déjà énormément de textes et, dans mon dictaphone, j'ai un nombre phénoménal d'idées… Donc on aura beaucoup de chansons. Aujourd'hui on n'a plus besoin de faire des petites croix pour choisir, on tombe d'accord sur 80 % des morceaux. C'est l'émotion qui prime. Mais chacun conserve quand même un joker. En tant que chanteur, j'en voudrais bien un deuxième, mais ça ne marche pas comme ça.

Kyo : leur album culte Le chemin fête ses 20 ans !

Le 13 janvier dernier, *Le chemin*, album culte du groupe Kyo, a fêté ses 20 ans. Et à cette occasion, le groupe a prévu de le célébrer comme il se doit avec des concerts très attendus.

Kyo célèbre les 20 ans de son deuxième album Le chemin avec des concerts événement. - ANDBZ/ABACA

Diverto TV, 2023

Visuel du single « Dernière danse » avec Cœur de Pirate / photo © Laura Gilli / Graphisme : Gérald Wassen

Enregistrement du clip « Dernière danse », Kyo et Cœur de Pirate, 2023 © Laura Gilli

LORSQUE, VINGT ANS PLUS TARD, ON VOUS PROPOSE DE FAIRE UNE ÉDITION ANNIVERSAIRE DE L'ALBUM *LE CHEMIN*, COMMENT RÉAGIS-TU ?

J'ai déjà parlé de mon flair redoutable ? Évidemment, quand on me propose l'idée, ça me gonfle ! J'ai déjà des nouveaux morceaux, j'ai envie de faire un nouvel album. C'est à cet endroit que je m'éclate le plus. Puis, finalement, je me dis que ce n'est pas une mauvaise idée de sortir une version remastérisée avec quelques maquettes, quelques inédits, c'est un beau cadeau pour nos fans. Je me lance donc dans le projet. Mais ça nous demande énormément d'investissement, on fait des featurings sur tous les singles que nous avions sortis à l'époque et, pendant ce temps, on ne travaille pas sur le prochain album, je commence à traîner des pieds. C'est une période compliquée parce que, dans le groupe, on n'est pas tous sur la même longueur d'onde. Les gars sont agacés par ma mauvaise énergie, ils veulent jouer le jeu à fond. Et mon Dieu qu'ils avaient raison ! Aujourd'hui je prends même du plaisir à cet exercice de réédition, c'est l'occasion de belles rencontres

Tournage du clip « Dernière danse » avec Cœur de Pirate réalisé par Stéphane Ridard / photo © Laura Gilli

© Mélanie Lhote

artistiques. Je suis hyper content du casting, de son éclectisme : Cœur de pirate, Nuit Incolore, Suzane, Cloud, Stéphane... Tous ces artistes qui collaborent à l'album apportent un souffle nouveau aux morceaux. Chacun d'entre eux interprète son titre préféré. Ça donne une belle énergie, une sincérité au projet. C'est formidable ! Je pensais que tous auraient eu envie d'interpréter « Le Chemin » ou « Dernière danse », mais je me trompais. Quand j'ai appelé Suzane la première fois, elle m'a raconté que « Tout envoyer en l'air » était la chanson qu'elle mettait le matin pour se booster quand elle était adolescente et qu'elle adorerait la chanter. C'était celle que nous voulions lui proposer !

Chaque titre de cet album a une histoire singulière ! Pour « Je cours », on n'était pas satisfaits d'une version qu'on avait reçue. Je me suis installé derrière mon ordinateur et j'ai eu l'idée de créer une version totalement différente, loin des codes du single. J'ai ralenti le tempo jusqu'à en faire une chanson très lente, ajouté des cordes, modifié la ligne de

Mélanie Lhote

chant, les couplets et le refrain. Ensuite, je l'ai fait écouter aux gars, qui ont beaucoup aimé même si elle n'avait aucun potentiel en radio. Flo a proposé de remonter un peu le tempo et d'ajouter une guitare acoustique. Ça fonctionnait bien, il y avait un petit quelque chose qui rendait le titre particulier... On a ensuite réalisé le featuring avec Nuit Incolore, produit par Prinzly, qui travaille beaucoup dans la musique urbaine, notamment avec Damso, mais aussi sur des projets plus pop ou des chansons. Une fois la production terminée, le morceau était radicalement différent de ce que j'avais proposé, mais je ne croyais toujours pas à son potentiel en radio. Résultat ? Elle cartonne ! Encore mon flair légendaire.

LA TOURNÉE AUSSI FAIT UN CARTON...

Normalement on devait faire un Zénith. Rien d'autre. Et puis le tourneur a ajouté Bruxelles, à Forest National – les Belges ont toujours été là pour Kyo, on

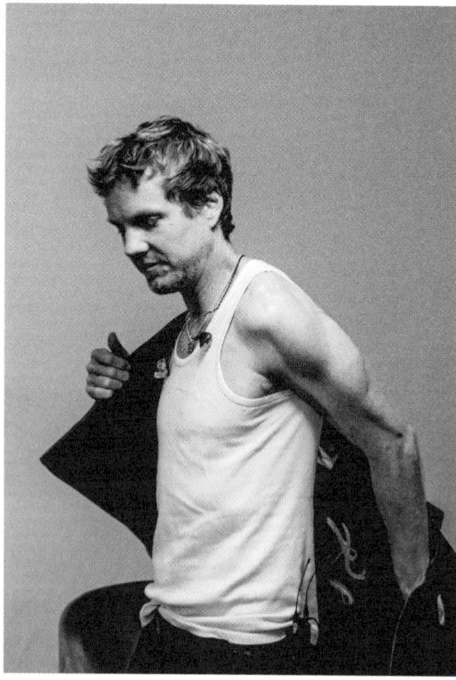

© Mélanie Lhote

© Mélanie Lhote

Mélanie Lhote

Mélanie Lhote

© Mélanie Lhote

© Mélanie Lhote

© Mélanie Lhote

© Mélanie Lhote

© Mélanie Lhote

© Mélanie Lhote

© Mélanie Lhote

© Mélanie Lhote

Cherie FM – Concert Super Privé, 2024
© Emilie Granon

entretient une relation forte avec ce public. Les deux salles se remplissent très vite. On rajoute deux dates… les places se vendent aussitôt. Puis quatre, cinq, six, sept… Au départ c'était un concert anniversaire, finalement on tourne jusqu'en 2025, avec un concert à l'Accor Arena pour terminer.

EN TANT QUE CHANTEUR, TU ES PASSÉ DE L'AMPHI DU LYCÉE DES DÉBUTS À DES SALLES GIGANTESQUES. LA PERFORMANCE VOCALE NE PEUT PAS ÊTRE LA MÊME… AS-TU ÉTÉ OBLIGÉ D'APPORTER UNE ATTENTION PARTICULIÈRE À TA VOIX OU À TA TECHNIQUE ?

La question s'est posée plusieurs fois, et j'ai fait appel à des professionnels pour m'aider.

En réalité j'ai rapidement fait le deuil d'être un bon chanteur. Cet aveu d'échec avait le don d'énerver l'une des profs de chant qui me suivait sur la tournée de *300 lésions*. Elle me ramenait à ce qui lui semblait être l'essentiel : « Il y a de l'émotion dans ta voix, c'est le principal, le reste on s'en fout. » Je lui répondais que malgré tout, certains soirs, je chantais comme une patate… C'est toujours un vrai sujet pour moi. Je lutte encore avec ça. Je n'ai pas de technique vocale. D'ailleurs, la majorité de mes profs ne comprennent pas comment j'arrive à sortir de telles fausses notes avec une oreille musicale affûtée comme la mienne… Donc, quand je chante faux, je m'en aperçois et ça creuse encore

plus mon complexe. Je suis un angoissé. Heureusement les shows sont ultra-préparés, ils suivent un déroulé précis que j'ai moi-même établi, ça me permet de me reposer sur une mise en scène solide, structurée et, *in fine*, rassurante. Si je me sens moins à l'aise sur un morceau, je sais que le suivant me permettra d'enflammer le public dès les premières notes. C'est cette maîtrise du show qui me permet de gérer mon stress, de retrouver du plaisir et de mieux chanter. J'avoue que je suis jaloux de mes amis musiciens, ils peuvent s'appuyer sur leurs instruments. Quand ton instrument, c'est la voix, tu n'as pas de filtre entre ton âme et le son qui en sort. Aujourd'hui, je ne prends plus de cours. Mon dernier professeur m'a dit : « Je ne peux rien faire pour toi, c'est dans la tête. Tu n'as pas de problème d'oreille,

Listening Party - 20 ans Le Chemin, 2023 © Mélanie Lhote

quasiment pas de problèmes techniques, ni de placement. Va voir un psy plutôt qu'un prof de chant. » En fait, je suis fragile.

EST-CE QUE ÇA NE VA PAS AVEC LE TALENT ?

En tout cas pour les artistes avec lesquels j'échange, c'est un point sur lequel on se retrouve. La fragilité, l'hypersensibilité... Et ça ne s'arrange pas avec le temps. Je reste à fleur de peau. Il y a quelques années, je m'intéressais beaucoup à la politique, je suivais les débats, l'actualité. Aujourd'hui, je n'y arrive plus : le dérèglement climatique, la montée des extrêmes, les guerres... ça m'atteint, ça me déprime.

Comment être heureux quand, en bas de chez soi, certains tentent de survivre dans la rue. Comment garder sa part de légèreté et d'insouciance ? Je n'arrive plus à me confronter à l'état du monde, c'est trop douloureux alors, plutôt que d'agir, je me protège...

France Bleu – Décibels, 2023

MAIS JUSTEMENT, DANS CE CONTEXTE, EN TANT QUE CHANTEUR TU AS UNE POSITION DE PORTE-VOIX. TU Y PENSES LORSQUE TU ÉCRIS ?

Je commence seulement à en prendre conscience. On a tous besoin d'être considéré, d'être respecté, de compter, d'aimer, d'être aimé. C'est ce que nous avons tous en commun. Donc, finalement, plus je vais aller creuser en moi, avec mes doutes, mes frustrations, mes peines, mes interrogations, plus ça va parler aux gens. « Creuser l'intime pour toucher l'universel », c'est une phrase en laquelle je crois beaucoup.

TU UTILISES L'ÉCRITURE COMME UN ANTIDÉPRESSEUR ?

Oui ! Et la scène aussi, c'est un défouloir. J'ai besoin d'amour, et j'en reçois, et clairement ça m'aide. Ça atténue ma peine. J'aurais du mal à m'en passer, je crois. Mais je prends aussi des antidépresseurs.

Tournage du clip « Je saigne encore » avec Cloud à Tokyo, 2023 © Stéphane Ridard

QU'AS-TU ENVIE DE RACONTER AUJOURD'HUI ?

Il y a quelque chose qui s'est décalé. Je le vois dans les textes que j'écris en ce moment ; la dimension sociale y est plus présente et je n'hésite plus à célébrer la beauté. Avec le morceau « Fremen », déjà, je cherchais à mêler l'intime et le social.

« Pendant que nos villes brûlent dans le carburant des urnes
Je te ferai l'amour comme on ne le fait plus ».

Tournage du clip « Je saigne encore » avec Cloud à Tokyo, 2023 © Stéphane Ridard

DJ set de KYO, La Bodega Del Mar en Nouvelle-Calédonie, 2023 © Instagram @1px_insta

DEVENIR CHANTEUR, POUR LE GAMIN TIMIDE QUE TU ÉTAIS, C'ÉTAIT DÉJÀ LE MOYEN DE POUVOIR DIRE DES CHOSES ?

C'était le seul moyen.

TU AS TOUJOURS CETTE PUDEUR ?

Oui. Enfin, si tu me donnes trois Corona, je te déballe toute ma vie. J'ai de la pudeur jusqu'à un certain point *(rire)*. Avec l'âge, je m'en débarrasse progressivement. Je crois de plus en plus à la nécessité de se montrer tel que l'on est, avec nos failles, nos forces, nos fragilités. Surtout que, sur les réseaux sociaux, il n'y a plus de place pour la sincérité ! Ces mises en scène de vies parfaites sont grotesques. Personne n'est dupe, sauf les gamins. Et c'est le danger.

Tournage du clip « Je saigne encore » avec Cloud à Tokyo, 2023 © Stéphane Ridard

DANS TON ÉCRITURE, TU ES ATTENTIF À T'ADRESSER À TOUTES LES GÉNÉRATIONS ?

Je pense que les textes que j'écris aujourd'hui sont moins accessibles aux plus jeunes, qui n'ont pas forcément les références. Ils se retrouvent davantage dans les rééditions des titres du *Chemin*, dont les thèmes touchent encore les ados.

LES FANS DES DÉBUTS SONT TOUJOURS LÀ ? OU DE PLUS JEUNES LES ONT-ILS REMPLACÉS ?

Il y a les deux. Dans les salles, on rencontre des filles de treize ans, parfois accompagnées du grand frère ou de la grande sœur, et même des parents. Certains parents ont attendu que les enfants soient suffisamment grands pour leur offrir leur premier concert et partager ce moment en famille. Je trouve ça émouvant.

On les voit à la sortie. Le selfie a remplacé la signature. On discute un peu moins qu'avant. Souvent, je laisse les autres sortir en premier, ils sont plus à l'aise avec les bains de foule. Moi, j'attends en coulisse et je les rejoins quand le public s'est éparpillé et qu'il reste une trentaine de personnes, la *fanbase*, les « vrais ». Avec eux, je peux passer du temps. On les fait entrer, on discute musique. On a de la chance, ce sont des gens intéressants, bienveillants, ils sont très actifs sur la Kyosphère, le site des fans. Ils font presque partie de l'équipe. Ils font le lien entre nous et le public. Ils nous suivent depuis le début et ont créé des liens, des amitiés au fil des années. Je pense qu'ils font de véritables sacrifices pour assister à tant de concerts. Suivre les tournées, ça a un coût. C'est impressionnant.

VOTRE PUBLIC AIME AUSSI LES ADOS QUE VOUS AVEZ ÉTÉ. EST-CE QUE TU RESSENS CETTE PRESSION, TOUT EN ASSUMANT D'AVOIR QUARANTE-CINQ ANS, DE DEVOIR PRÉSERVER UNE CERTAINE IMAGE DE JEUNESSE ? DANS TON APPARENCE, LE CHOIX DES TENUES DE SCÈNE…

Cette pression n'est pas liée à l'image que je renvoie au public. J'ai un problème avec la fuite du temps. Je panique à l'idée de passer pour un con si je garde la même énergie, la même gestuelle qu'il y a quinze ans… Quand je vois le chanteur

sphere – Livre Fans Comment Vous Dire, 2023 © Laura Ferbert

Tournée Le chemin 20 ans © Mélanie Lhote

de Guns N' Roses sur scène aujourd'hui, je le trouve grotesque. Mais comment déterminer le moment où on a « passé l'âge » ? Mes enfants m'aident à garder un point d'équilibre, je n'ai pas envie qu'ils subissent les moqueries de leurs camarades parce que leur père se prend pour un ado. Aujourd'hui, à quarante-cinq ans, j'évite de porter des casquettes sur le côté *(rire)*. Mais la vie d'artiste entretient une forme de jeunesse éternelle, au moins dans la tête.

TU ES ADULTE AUJOURD'HUI ?

Je le suis dans mon rôle de père. Les enfants m'ont fait passer un cap en termes de maturité, de responsabilité. Je suis très attentif à leur éducation. Sorti de cette sphère, je ne me sens pas adulte, et je ne suis pas sûr de le devenir un jour. J'ai des rêves et je n'ai pas l'intention d'y renoncer. Parfois, il me semble qu'être adulte, c'est être résigné.

rnée Le chemin 20 ans © Mélanie Lhote

QUELS SONT LES RÊVES DU GOSSE D'AUJOURD'HUI ?

Écrire. Ça fait trente ans que je raconte des histoires en trois minutes, et j'aimerais beaucoup écrire des romans, des films, des séries… Je suis passionné de science-fiction, de fantastique. Je me gave de séries et de films… C'est mon truc. J'adorerais cette reconversion. Je serais peut-être mauvais, mais je veux en avoir le cœur net. J'aimerais savoir si je peux tenir en haleine le lecteur sur trois cent cinquante pages.

TU AS DÉJÀ DES TEXTES DANS TES TIROIRS ?

J'ai de la matière disséminée ; des débuts d'histoire, des bouts de romans, des dialogues, des descriptions de personnages. Mais je n'ai pas le temps. J'ai l'image stéréotypée, un peu clichée, de la maison de campagne où j'écrirais un polar avec la pipe à la bouche et le stylo à la main.

TU L'ENVISAGERAIS À QUEL HORIZON ?

Je crois que c'est vraiment lié au physique, au corps, à la santé. Les concerts, je les vis physiquement, dans l'énergie, et, le jour où mon corps ne suivra plus, il sera temps de changer.

Progressivement, il y a un décalage troublant qui se crée ; je me sens encore gamin dans ma tête, mais mon corps, lui, a bien son âge ! Le remède au vieillissement, c'est le sport ! Les gants de boxe, les tapis et les poids ne sont jamais très loin !

Heureusement, il y a des exemples rassurants ; les Red Hot Chily Peppers ou Brad Pitt dans *Once Upon a Time in Hollywood* qui enlève son T-shirt sur le toit… Certes, ils ont des nutritionnistes et des coachs, mais ça ne fait pas tout. Alors je me dis que, si je ne fais pas trop le con et que je prends soin de moi, ça peut durer encore longtemps.

DONC, MALGRÉ TON ENVIE D'ÉCRITURE, PAS SI ÉVIDENT D'ABANDONNER LA SCÈNE ET DE RENONCER À L'AMOUR DU PUBLIC ?

J'aimerais parfois me consacrer entièrement à l'écriture, y aller à 200 %, mais sans doute que la scène me manquerait. J'ai vu trop d'artistes essayer de se retirer et ne pas y arriver. Pourtant, je sens de plus en plus le besoin de m'éloigner du tumulte de la vie parisienne. J'ai beaucoup de potes qui sont partis. Mais être artiste loin de Paris, c'est difficile. Et puis, quand les beaux jours arrivent, cette ville est magique ; les Parisiens en terrasse, les sourires sur tous les visages, les éclats de rire… ça m'apaise de voir les gens heureux.

TU ÉCRIS PLUS FACILEMENT LORSQUE TU ES HEUREUX ?

Je suis plus prolifique lorsque je suis triste ou mal dans ma peau. Mais lorsqu'il fait beau, lorsqu'il fait chaud, j'arrive à donner à mes textes une joie et une énergie particulières, même le champ lexical est différent. En fait, je suis assez influencé par la météo.

née Le chemin 20 ans © Mélanie Lhote

Zénith de Nantes © Mélanie Lhote

·rnée Le Chemin 20 ans © Mélanie Lhote

Kyo et Nuit Incolore, clip « Je cours », 2023 © Mélanie Lhote

Kyo et Stephane, Casino de Paris, 2022 © Mélanie Lhote

Kyo et Sita au Zénith de Paris, 2024 © Mélanie Lhote

et Sita au Zénith de Paris, 2024 © Mélanie Lhote

20h30 Le Dimanche sur France 2, 2024

LES MUSIQUES QUE TU ÉCOUTES T'INFLUENCENT-ELLES AUSSI ?

Tout le temps. En fait, j'ai une play-list qui ne cesse de s'étoffer. Je suis curieux de voir ce qui se fait. Tous les vendredis, j'écoute les sorties pour rester à l'affût des nouveautés. Parfois je repère un morceau et je l'ajoute à ma play-list. Lorsque je sors courir au parc Monceau je réécoute ces titres que j'ai aimés, et ça peut tout à fait me donner une idée de chanson ou de thème...

Tournée Le chemin 20 ans © Mélanie Lhote

QU'EST-CE QUE VOUS AVEZ À PROUVER AUJOURD'HUI ?

Je ne sais pas si on a quelque chose à prouver. À nous-mêmes, oui. Moi, je suis à la recherche du texte parfait. Je sais que ça n'arrivera jamais, ça n'existe pas un texte parfait. En tant que groupe, on n'est pas les plus branchés, on ne représente pas la *French touch* versaillaise, on ne remplit pas des stades comme Indochine, mais on occupe une place dans le cœur des gens et dans le paysage musical français. C'est bien plus que ce qu'on avait espéré. Je serais ravi d'obtenir une Victoire de la musique sur le prochain album. Je trouverais le clin d'œil amusant, vingt ans après la première récompense.

…tidien sur TMC, 2024

Télématin sur France 2, 2024
© Christophe Martinez

ET LA CHANSON PARFAITE, CE SERAIT QUOI ?

Un texte « parfait », une mélodie qui déchire, et une production qui sublime l'ensemble. À chaque album, à chaque chanson, on se dit qu'on aurait pu mieux faire. On ne parviendra probablement jamais au niveau de perfection auquel j'aspire. Mais ça ne m'empêche pas d'y croire à chaque fois. D'ailleurs, pour le prochain album, je suis persuadé qu'on atteindra cet absolu. Je sens que je progresse dans l'écriture, je m'approche de ce que je vise depuis tant d'années. J'ai enfin réussi à écrire un texte sur la paternité, et c'est limpide. Je voulais le faire depuis longtemps et je ne me sentais pas à la hauteur. Ça s'est débloqué petit à petit.

ON PRÉSENTE LES AUTRES MEMBRES DU GROUPE ?

Nico, à la guitare…

C'est le brun ténébreux. Il a longtemps incarné la figure du poète maudit mais, un jour, il a switché, je pense qu'il s'est libéré de quelque chose, et il est devenu le plus drôle d'entre nous. Son humour est redoutable ! Il aime lancer des pavés dans la mare, oser l'absurdité et déranger. C'est un état d'esprit que j'adore, je ris énormément avec Nico.

Il est passionné, mais ça vaut pour nous tous. On a souvent compté sur lui pour insuffler aux morceaux un grain de folie, apporter la petite touche à laquelle jamais nos esprits cartésiens n'auraient pensé. Nico a un côté savant fou.

© Mélanie Lhote

Flo, à la guitare également…

Je le côtoie depuis toujours, depuis qu'on s'est rencontrés au lycée. C'est le plus solide d'entre nous. Nico et moi sommes des électrons libres, lui est très constant, très fiable. D'ailleurs il porte de nombreuses responsabilités, y compris en termes de logistique. C'est lui qui fait le lien entre les producteurs et le groupe. Avant d'envoyer de nouvelles pistes, il s'assure que tout est parfaitement *clean*, il ne laisse rien au hasard. Il est précis, pro dans sa façon de travailler. Cette partie strictement technique est essentielle et extrêmement chronophage. On lui doit tellement. Parce qu'il faut être honnête, on se repose beaucoup sur Flo. C'est lui qui, dès le début, est aux commandes de l'enregistrement multipiste – au départ, il y avait seulement quatre boutons et deux effets pourris. Ce n'est pas la partie la plus agréable et je crois qu'il aimerait avoir du temps pour faire autre chose. Écrire, composer…

© Mélanie Lhote

Jocelyn à la batterie...

On l'appelle « la bûche », parce que, avec lui, ça cogne ! C'est un vrai passionné, un enfant de musiciens. Sa mère fait du jazz à un très haut niveau et son père est le fondateur du groupe Magma. Il a le goût de la musique populaire exigeante et il nous a insufflé une nouvelle énergie grâce à une culture musicale un peu différente de la nôtre.

Jocelyn est le plus jeune du groupe, mais il a une grande maturité... c'est un peu notre grand frère ! Je le cite régulièrement quand je vais voir ma psy ! D'ailleurs, il ferait un super psy. Il a une très bonne compréhension des comportements humains. Il est intelligent, philosophe, intense, ancré dans des valeurs fortes. L'amitié est très importante pour lui.

Cette réédition de l'album *Le Chemin* est un moment compliqué pour lui étant donné qu'à l'époque il ne faisait pas encore partie du groupe. C'est un peu ingrat puisqu'il s'est énormément impliqué dans le projet et qu'il ne touche pas de droits d'auteur dessus. Mais, dans le fond, ça n'est pas ça l'important pour lui. Il est heureux qu'il y ait la lumière sur le groupe à cette occasion parce que ça va

© Mélanie Lhote

éclairer la suite. Parce que c'est la suite qui va commencer à être intéressante pour lui. Cela dit, il profite des Zéniths remplis avec nous, et son plaisir est le même que le nôtre.

ET DONC, AU CHANT, IL Y A BEN, TOI, LE PETIT BLOND QU'ON VOIT SUR LES PHOTOS DE L'ÉPOQUE. QU'AURAIS-TU ENVIE DE LUI DIRE AUJOURD'HUI ?

Que ses rêves vont se réaliser. Que le fait d'avoir cette naïveté de croire que tu peux être une rockstar alors qu'il y a si peu d'élus, finalement, c'est l'essence même de la réussite… En fait, je ne voudrais rien changer. J'ai toujours pensé que la réussite repose sur trois choses : avoir un minimum de talent, bosser comme un malade et avoir de la chance. J'entends par là arriver au bon moment avec un son que les gens ont envie d'écouter. Et c'est un paramètre qui n'est absolument pas maîtrisable. Tout ce qu'on a traversé, même les moments les plus durs, étaient nécessaires à l'histoire. Si j'interagissais avec ce jeune Ben, rien ne dit qu'on arriverait aujourd'hui à cette tournée *sold out*.

Alors, j'ai envie de le laisser vivre sa vie.

© Mélanie Lhote

Nicolas Subréchicot (claviers) et Pierre Lavandon (basse) © Mélanie Lhote

Pierre Lavandon, bassiste sur scène depuis 2003 © Mélanie Lhote

© Anthony Ghnassia

Anthony Ghnassia

© Anthony Ghnassia

TITRE DE L'ALBUM

LE CHEMIN
20 ANS

ANNÉE

2023

LAISSEZ-MOI CE RÊVE

Laissez-moi ce rêve
Je n'en ai pas d'autre
Et gardez les vôtres
Laissez-moi ce rêve
Où je me réveille
Dans la peau d'un autre

C'est toujours pareil
C'est devant la porte
Que mon cœur s'arrête encore
Et de la lumière qui s'échappe dehors
Alors c'est l'enfer qui commence
Et je veux savoir
Pourquoi c'est tombé sur moi ?
Je n'ai rien fait de mal
Alors on devrait pouvoir
Effacer sa mémoire et recommencer
Voiler les ombres
Et avoir le pouvoir d'espérer quand même
Et que les coups passent au travers de moi

Par-dessus l'épaule
Je sens qu'on se moque
À l'abri des autres
Et rentrer le soir
Pourvu qu'il n'y ait personne
Sinon ça fait mal quand il cogne
Je voudrais savoir pourquoi c'est dur d'être aimé ?
Je n'ai rien fait de mal
Alors je veux essayer...
Effacer ma mémoire et recommencer
Voiler les ombres
Et avoir le pouvoir d'espérer quand même
Et que les coups passent au travers de moi

Il m'arrive encore avant que je m'endorme
De dire que je l'aime quand même

LE PIRE

Assez de larmes au repos
Assez de regards en trop
Je t'en veux
Assez pour espérer mieux
Assez pour voir dans mes yeux
Je te veux

Et tant pis si je laisse
Mon cœur à ses faiblesses
Mais je crains le pire
Ton sourire au creux de ses bras
Ne viens plus me lire
Reste loin, moi j'entends ta voix
Qui résonne et danse, je l'oublie pas

Assez de force pour m'abattre
Assez de force pour bâtir encore
Assez de force pour mentir
Assez de force pour y croire encore
Encore

Et tant pis si je laisse
Mon cœur à ses faiblesses
Mais je crains le pire
Ton sourire au creux de ses bras
Ne viens plus me lire
Reste loin, moi j'entends ta voix
Qui résonne et danse, ne m'oublie pas

PAS SI LOIN DE NOUS

S'arrêter pas pour faire semblant
S'arrêter pour regarder en l'air
S'arrêter là de temps en temps
Toujours refaire le monde et se taire
Si tu veux poser tes mains
On aura du bleu pour demain
C'est pas si loin de nous
Et armé de tout ce que l'on est
Fuir les jours qui nous blessent
Je t'emmène le temps qu'il nous reste
C'est pas si loin de nous

Être là depuis longtemps
Deux corps allongés que le vent caresse
Regarder l'heure de temps en temps
Voir dans tes yeux que tu veux qu'on reste

Si tu veux poser tes mains
On aura du bleu pour demain

C'est pas si loin de nous
Il y avait de tout ce que l'on est
Fuir les jours qui nous blessent
J't'emmène tant qu'il nous reste
C'est pas si loin de nous

Et armé de tout ce que l'on aime
Fuir les jours
J't'emmène le temps qui nous reste
C'est pas si loin, c'est pas si loin de nous
C'est pas si loin de nous

OUBLIÉ

Si tu veux tout savoir
Si tu insistes
Entre dans ma mémoire
Prends le risque
On peut t'y voir
Une passion du vide
De violons en larmes et des insomnies
Et rougeoyant dans ma chair
Mon amour marqué par le fer
Ma religion sur ses lèvres

Dis-moi pourquoi je me lève encore
Si privé de mes sens je ne suis qu'un corps
Oublié
Je n'ai rien d'autre au cœur de l'atome
Qu'un souvenir d'un autre monde
J'essaie d'oublier
J'essaie d'oublier
Si tu veux découvrir
Si tu veux voir

Au fond dans les vestiges, son visage
Et son apparence féline tu peux la voir
Exhiber ses épines sous la soie

Et rougeoyant dans ma chair
Mon amour marqué par le fer
Ma religion sur ses lèvres

Dis-moi pourquoi je me lève encore
Si privé de mes sens je ne suis qu'un corps
Oublié
Je n'ai rien d'autre au cœur de l'atome
Qu'un souvenir d'un autre monde
J'essaie d'oublier
J'essaie d'oublier

L'OMBRE DU SOLEIL

J'entre dans l'histoire en gardant l'espoir
D'aimer tant qu'on peut rêver d'être mieux
Pour ceux à qui l'on doit l'amour, la joie
S'enfermer et puis regarder si l'on s'en sort
Quand même et si là-haut on ne se
comprend pas

Je reste là, je prends le vent à l'ombre du soleil
Si je reste encore je perce ton mystère
Alors emmène-moi, je n'ai plus le temps
Qu'on est bien dans les bras de
tes rêves d'enfant

Sentir ce regard, essayer de voir
Si l'intention est pure, si la raison n'a pas
de tort
Quand même
Et si là-haut on ne veut plus de moi

Je reste là, je prends le vent à l'ombre du soleil
Si je reste encore je perce ton mystère
Alors emmène-moi, je n'ai plus le temps
Qu'on est bien dans les bras de
tes rêves d'enfant

Je reste là, je prends le vent à l'ombre du soleil
Si je reste encore je perce ton mystère
Alors emmène-moi, je n'ai plus le temps
Qu'on est bien dans les bras de tes rêves
Alors emmène-moi
Je ne veux plus de sang
Qu'on est bien dans les bras de tes rêves

TITRE DE L'ALBUM
L'ÉQUILIBRE
10 ANS

ANNÉE
2024

LE CŒUR DES FEMMES

J'ai dormi sur les bancs de touche
J'ai dormi sous la mer
J'ai longtemps attendu mon tour
Quand l'horloge tourne à l'envers

J'ai bombé le torse sous les douches
Je ne me suis pas laissé faire
J'ai pu déposer sur sa bouche
La couleur de mes lèvres

Il y a, il y a
Il y a dans le cœur des femmes
Quelques orages, quelques drames
Mais il y a sous leurs draps
De la passion et des larmes
Pour chacun de nos faits d'armes

On verra, on verra
Tous les gorilles qui s'acclament
Devenir enfants dans leurs bras
Il y a de la place
Même pour moi

J'ai cogné sur ma clef de voûte
À la barre de fer
Sur le ring je prends quelques coups
Chaque fois elle me relève

Éternelle comme l'Hymne à l'amour
Comme le chant des sirènes
Pour elle je tendrai l'autre joue
Pour épargner les siennes

Il y a, il y a
Il y a dans le cœur des femmes
Quelques orages, quelques drames
Mais il y a sous leurs draps
De la passion et des larmes
Pour chacun de nos faits d'armes
On verra, on verra
Tous les gorilles qui s'acclament
Devenir enfants dans leurs bras
Il y a de la place
Même pour moi

BORN TO KISS

C'n'est plus la mer qui prend l'homme
C'est l'homme qui prend la mer
Dans le jardin de Lucifer j'irai recracher
la pomme
Écoute le son de la ville
Le chant de la nuit
Nos rêves se pavanent en nuisette
Sur les boulevards de Paris
Que du Brutal deluxe dans l'équipe
Sous haute dose de Nuke de poésie
sans philtre
Synchronisation des montres
Agent noir au rapport
Scorpion doré sur le blouson
Je verse des larmes de notre époque

Mais tout ça est bien réel
C'n'est pas un mauvais rêve
Tyler ne tient plus les rênes
C'est seulement nos traces que l'on laisse
On tire des plans sur la comète
La vie est une partie d'échecs
C'est mon destin en tête à tête que j'irai pleurer
de l'or
Branché sur une chaise, sur 2 500 volts
J'ai prié pour ne jamais plier, plier le col

Agrippé au siège, éjecté en plein vol
J'ai prié pour ne jamais toucher, toucher le sol
Et j'ai dansé avec le Diable au clair de lune
Tu vois ce qui ne tue pas nous rend plus forts
J'ai seulement aiguisé ma plume
On a tous joué des coudes pour trouver
sa place
Même si l'on savait qu'au fond la violence
est un sport de lâche
J'ai valsé trop souvent près du précipice
C'est dans la douleur, sous la Grande Ourse
Que je suis l'homme aux sept cicatrices
Synchronisation des montres
Agent blanc au rapport
Sur le M1 après ma mort
Tu verras tatoué « Born to kiss »
Branché sur une chaise, sur 2 500 volts
J'ai prié pour ne jamais plier, plier le col
Agrippé au siège, éjecté en plein vol
J'ai prié pour ne jamais toucher, toucher le sol
Branché sur une chaise, sur 2 500 volts
J'ai prié pour ne jamais plier, plier le col
Agrippé au siège, éjecté en plein vol
J'ai prié pour ne jamais toucher, toucher le sol

KING SIZE

Sous le soleil de titane
Les visages collés aux grillages
La vie elle-même les accable
Cuillère de bois dans la bouche et mains dans le
sable

Pas de livre donc pas de cartable
Pas d'arrivée donc pas de voyage
Pas de rêve même pas de cauchemars
J'ai voulu lire la fin de l'histoire mais on a arraché
les pages

Je n'ai pas entendu leurs voix dans le vacarme

Je ferme les yeux donc je ne vois pas
Je parle trop fort donc je n'entends pas
Moi des images sur écran plat
Eux des récits de bataille dans les nervures
du bois

Je ferme les yeux donc je ne vois pas
Je parle trop fort donc je n'entends pas
Moi des images sur écran plat
Eux des épopées sauvages dans la courbe des
nuages

Moi je suis né et vis ici
Ce n'est pas le berceau mais le King size
de la vie
Si ma peur s'est trompée de cible
Et si le bonheur est à vendre que ma tête soit
mise à prix

Je n'ai pas entendu leurs voix dans le vacarme

Moi je suis né et vis ici
Ce n'est pas le berceau mais le King size
de la vie
Si ma peur s'est trompée de cible
Et si le bonheur est à vendre que ma tête
soit mise à prix

3 LETTRES

3 lettres

3 lettres pour que les étoiles transpirent
Pour que la nuit nous offre son plus
beau sourire

3 lettres, une pluie chaude dans nos yeux

3 lettres, une dernière danse, un adieu

3 lettres gravées dans l'asphalte

Tatouées sous la peinture des murs
de ton appart

3 lettres pour l'orage que tu n'as pas vu venir

3 lettres pour 3 doses de morphine

3 lettres pour la vague et l'écume
Pour l'encre et la plume
Pour les fils de la lune

3 lettres et le marteau brisé sur l'enclume
3 lettres, de l'essence dans les urnes

3 lettres pour les secondes avant l'impact
Pour les 3 derniers mots avant que le cœur
ne lâche

3 lettres qui brûlent en silence
Comme le cierge qui me rappelle le mal
de ton absence

3 lettres pour un dernier voyage
Celui qui finit pas ou alors qui finit mal

3 lettres brillantes sur nos lèvres
Comme le rêve éveillé d'une larme éternelle

3 lettres

LE FLACON

Dis-leur seulement que la vie est courte
Que ce soir la lune est rouge
Que mes phalanges sentent encore le soufre

Dis-leur que c'est un hommage posthume
À l'âme ancrée au bitume
Que j'ai brûlé tous mes costumes

Peu m'importe le flacon si j'ai l'ivresse
Peu m'importe l'hameçon si l'appât est
tes lèvres
Je n'attends plus que le vent souffle
pour lever l'ancre
Combien de chances a-t-on si l'on joue passe
et manque ?

Dis-leur que j'ai pratiqué l'arène
Habillé de laine de verre
La glace pilée dans mes artères

Dis-leur que si je n'ai plus de force
J'accélère un peu plus fort
Jusqu'à ce que mon cœur explose

Dis-leur que si je n'ai plus de souffle
C'est qu'il n'y a pas de retour
Je veux du goût plein la bouche et

Dis-leur que c'est frappé par la foudre
Qu'enfin j'ai pu voir le jour
Je suis l'enfant d'une louve

Peu m'importe le flacon si j'ai l'ivresse
Peu m'importe l'hameçon si l'appât est
tes lèvres
Je n'attends plus que le vent souffle pour
lever l'ancre
Combien de chances a-t-on si l'on joue passe
et manque ?

L'UN SUR L'AUTRE

On l'a fait dans les cages d'escalier
On l'a fait à l'arrière des voitures volées
On l'a fait quand on s'est rencontrés
On l'a fait jusqu'à lentement s'épuiser

Mes chemises trop grandes
Comme seul écrin de ta beauté

La danse de tes hanches
Attisant ma virilité

Tu m'as rapiécé puis déchiré
On sait ce qu'on possède quand on l'a jeté

On s'était juré de le faire
Même sur nos tombes
Sous un ciel éclatant de sanglots
Au sommet du monde

On se manquait même en étant
Toujours l'un sur l'autre
Brûlant des milliers de chandelles
À la croisée des ombres

On l'a fait peut-être chez vous qui sait ?
On l'a fait à trente-cinq mille pieds
On l'a fait pour à nouveau s'aimer
Mais il faut le faire sans le demander

Je dois te regarder
Mais sans pouvoir te toucher
J'ai perdu la clef
Tu l'as avalée

On s'était juré de le faire
Même sur nos tombes
Sous un ciel éclatant de sanglots
Au sommet du monde

On se manquait même en étant
Toujours l'un sur l'autre
Brûlant des milliers de chandelles
À la croisée des ombres

LASSE

Ses genoux tremblants
Vestige d'une ère
Où ses vingt ans
Préservaient ses rêves
Naïfs et fiers
Comme ses amants

Lasse, elle rêve qu'elle danse
Devant la glace de son enfance
Lasse, quand on la blesse
Elle, elle se fane dans les parfums d'encens

La vie se froisse
Et le temps qui passe
A pris ses vingt ans

Le temps d'une passe
Elle pense au père
De son enfant

Lasse, elle rêve qu'elle danse
Devant la glace de son enfance
Lasse, quand on la blesse
Elle, elle se fane dans les parfums d'encens

Elle s'abandonne
À des silhouettes
À des patients

Comme un remède
À la misère
Des sentiments

La galipette
Devient guillotine
Des jeux d'enfants

Le corps criblé
Des cigarettes
De ses clients

Lasse, elle rêve qu'elle danse
Devant la glace de son enfance
Lasse, quand on la blesse
Elle se fane dans les parfums d'encens

TITRE DE L'ALBUM
300 LÉSIONS
20 ANS

ANNÉE
2024

300 LÉSIONS

J'ai de quoi balayer tous les naufrages qui nous guettent
Les rumeurs tapies dans l'ombre des fumées de cigarettes
Des incendies soucieux de nous faire disparaître
J'ai de quoi tous les faire taire

Les traits tirés du soleil jusqu'à la couleur des trottoirs
Le chant brisé des querelles sur le palier des mauvais soirs
T'as changé même les chemins tracés depuis toujours
J'ai de quoi croire
En de nouveaux jours

300 lésions
Me rappellent au ciel
300 légions
De maudits poètes
Mais un seul nom pour unique espoir
Le nom de celui que tu portes en toi

J'ai de quoi oublier l'amertume et l'incertitude
Les phalanges entaillées par nos mauvaises habitudes
On a changé aujourd'hui plus fort
Et à jamais plus sûr
Tu m'as offert de quoi voler ma plume
Les drames dans les foyers
Jusqu'au silence de la nuit
La ronde des silhouettes affairées
À ne faire aucun bruit
Tout à changer je peux même supporter
Le déclin de ces jours
J'ai de quoi croire
En de nouveaux jours

300 lésions
Me rappellent au ciel
300 légions
De maudits poètes
Mais un seul nom pour unique espoir
Le nom de celui que tu portes en toi

SOUS SES CILS

Je croyais avoir tout vu
D'un monde fragile et clair
Traversant les rues, frôlant quelque vie
Bien courageux pour m'y faire
Et je dors d'un sommeil sincère

Mais c'est là qu'elle arrive
Traîtresse magistrale
Comme une créature de film
Genre qui fait bien mal
À nos vies tranquilles
À nos vies trop calmes

Une pluie parfaite
Se plie pour l'épargner
Au milieu de ses sœurs surfaites
Moi je tombe à ses pieds
Sous ses cils je m'incline

Elle marche pas elle flotte
Elle vibre un peu je tremble
Je l'impressionne pas je pense
Dans son voyage elle m'emporte
Et elle dort d'un sommeil en or

Elle mord mes lèvres et mon cou
Alors, je tombe à genoux
Sous ses cils elle me fait rire
Moi je n'ai plus d'incisive
Elle se joue, elle se joue de nous

Une pluie parfaite
Se plie pour l'épargner
Au milieu de ses sœurs refaites
Moi je prie pour être aimé
Sous ses cils je m'incline
Sous ses cils je culmine
Je culmine, je culmine

TROP TARD POUR PLEURER

Et juste devant la porte
J'hésite encore
Je me remémore
Les douleurs qui me dévorent
Je n'ai rien oublié
Alors je peux chanter
Mon enfance volée
Mais il est trop tard pour pleurer

Et juste derrière la porte
Je te sais allongée
Tout prêt à chanter
Comme si ?
Allez juste un effort
Pour subir tes remords
Tu peux abandonner
Car il est trop tard pour pleurer
Pour implorer
Et le regard des autres
Sur mon corps bleu foncé
Tant de chutes inventées
Juste pour la bonne cause
Moi j'ai pas eu ma dose
D'amour et d'amitié
Si pour toi c'est la fin
Sache qu'il est trop tard pour pleurer
Pour implorer
Trop tard pour pleurer
Pour supplier

Et juste derrière la porte
J'arrive trop tard
Je peux te voir
Dormir pour de bon
Je porte ton nom
Et ça me brûle la gorge
Et même si j'ai tort
Je crois je t'aime encore

TU VEUX DES LARMES

Le temps d'un verre je te ressens
Tu coupes tes cheveux
Et tu veux changer
Le reflet n'est plus si jeune
Et tu veux danser
À l'instant que tu me donnes
À tes côtés
Tu veux des larmes
Celles de joie
Et faire l'amour chaque jour
Tu veux te perdre
Et repeindre les étoiles
En faire le tour
Chaque jour j'oublie ton visage
Et dans un rituel je sèche mes larmes
C'est dans mon univers
Que tu t'égares
Seule reine sur cette terre
Je bois ton âme

Mais tu veux des larmes
Celles de joie
Et faire l'amour chaque jour
Tu veux te perdre
Et repeindre les étoiles
En faire le tour

Tu veux des larmes
Celles de joie
Et faire l'amour chaque jour
Tu veux te perdre
Et repeindre les étoiles
En faire le tour

MA RELIGION DANS SON REGARD

On peut survivre encore
S'il ne reste plus que l'amour, d'accord
On peut survivre encore
Ensemble, ensemble
Quand on vous écorche
Qu'on vous ôte l'épaule qui vous supporte
On peut souffrir encore
Longtemps, longtemps

C'est quand on n'y croit plus que le ciel vous entend et pardonne
Le temps a ses vertus en somme
Et j'ai trouvé la lumière juste au bout de ses lèvres
J'ai pu quitter la terre ferme en fait

Et j'ai trouvé au moment où je n'avais plus d'espoir
Ma religion dans son regard

Et on a beau se dire
Que ça ne sera jamais pareil qu'avant
À force de reconstruire
Lentement on avance
Réapprendre à sourire
Essayer d'à nouveau faire confiance
Pour finalement s'ouvrir
Et saisir sa chance

C'est quand on n'y croit plus que le ciel vous entend et pardonne
Le temps a ses vertus en somme
Et j'ai trouvé la lumière juste au bout de ses lèvres
J'ai pu quitter la terre ferme en fait

Et j'ai trouvé au moment où je n'avais plus d'espoir
Ma religion dans son regard
Et j'ai trouvé au moment où je n'avais plus d'espoir
Ma religion dans son regard

On peut survivre encore
On peut survivre ensemble

LES RUES SONT VIDES

Ce soir les rues sont vides
J'aimerais bien m'y perdre mais impossible
J'en connais chaque recoin même les couleurs invisibles
Et leurs lumières dociles

Ce soir les rues sont vides
Sûrement parce qu'elles sont froides et un peu sombres aussi
Ou bien alors, c'est que tout le monde a compris
Que je dors seul cette nuit
Que je dors seul cette nuit
Mais qu'est-ce que j'ai fait
Mon Dieu qu'est-ce qui m'a pris
Fier ou fragile, je crois j'ai pas choisi
J'ai pris les deux tant pis
Alors qu'est-ce qu'il me reste ?
À part mes souvenirs
De ton visage et de l'amour jusqu'à l'ivresse
Et mon dernier soupir
Et mon dernier soupir

Ce soir les rues sont vides
Sûrement parce qu'elles sont froides et un peu sombres aussi
Ou bien alors c'est que tout le monde a compris
Que si j'dors seul cette nuit
J'dormirai plus tant pis

RÊVE

Il y a l'enfant perdu qui n'a plus de pays
Qui est né dans la rue
Mercenaire à vie
Lui parle pas de futur
Parle-lui de demain
Pour panser ses blessures
Parle-lui c'est déjà bien

Et toi mon vieil ami
Qui voit la vie d'en bas
Déguenillé sur les parvis
Des églises d'autrefois
C'est dans les bas-fonds des quartiers interdits
Que tu trouveras fortune chez les plus démunis

(Refrain)
Tu rêves, rêves, rêves
Au creux de tes bras
Tu rêves, rêves, rêves
Au son de ta voix

Il y a la belle blonde figée toute la nuit
Qui n'est ni belle et ni blonde mais
Qui est obligée de sourire
Tu lui demanderas si ça lui arrive encore
En dehors de tout ça de prendre du plaisir
Elle te répondra tout bas
Qu'elle t'en donne sur-le-champ
Si t'as de quoi la nourrir elle et toute sa famille
Et puis toi mon amour
Te frotte pas les yeux
Si tu veux pas qu'ça brûle
Ferme-les juste un peu
C'est pas un monde pour toi
Mais on n'a pas le choix
Faudra faire le bilan
Mais en attendant

(Refrain)
Tu rêves, rêves, rêves
Au creux de mes bras
Tu rêves, rêves, rêves
Au son de ma voix

REMERCIEMENTS

Remerciements spéciaux à :

Yves-Michel Aklé, Jean-Christophe Bourgeois, Nicolas Galibert, Anne Jouanneau et toute l'équipe de Sony Music Publishing.
Christophe Lameignère, Stéphane Le Tavernier, Laurent Rossi, Philippe Russo, Vincent Blaviel et toutes les équipes de Jive / Zomba Records et Jive / Epic.
Roberto Ciurleo, Julien de Poret, Cécile Viandier-Layani, Denis Collart, Nicolas Chuong, Jean-Pascal Chabaneix, Florence Labry, Lorianne Dimosi, Antoine Thévenot et Thierry Santacruz.
Marie-Anne Robert, Emmanuel Perrot, Ludovic Guinnebert, Adrien Scelo, Thomas Balmayer, Falamak Fatemi, Christophe Martinez, Cacilie Tomao et toutes les équipes de RCA / Sony Music.
Pierre Lavandon, Nicolas Subréchicot, Ben Jourdain et toutes les équipes d'Arachnée Productions.
François Delabrière, Mark Plati, Antoine Gaillet, Charles de Schutter, Marso et Prinzly.
Mark Maggiori, Didier Kerbrat, Sébastien Desmedt, Gérald Wassen, Greg & Lio, Mathy & Fran, Akim Laouar Aronsen, Laura Gilli, Mélanie Lhote, Vincent Hervé, Stéphane Ridard et Anthony Ghnassia.
Fred Duquesne et Benoit Julliard du groupe Empyr.
Sita, Cœur de Pirate, Nuit Incolore, Suzane, Cloud, Aurélie Saada et Stéphane.
Laura Ouldamar, Émilie Granon, Marine Kirsch et toute la Kyosphère.
Cécil Petit et Lacoste, Emanuel Ungaro, Thinking Mu, Gunther, Belledonne, Dr Martens, VANS, American Vintage, Jean Barret et Frédéric Piauly de Partikules, Mathieu Johann, Sandrine Girard, Manon Buselli et Harper Collins.
À nos familles et nos amis.

LISTE DES ŒUVRES

300 LÉSIONS – 20 ANS

300 Lésions
Compositeur-auteur : CHASSAGNE Nicolas, DUBOS Fabien, DUBOS Florian, POHER Benoit
Éditeur : SONY MUSIC PUBLISHING (FRANCE), KYOSPHÈRE PRODUCTIONS

Sous ses cils
Compositeur-auteur : CHASSAGNE Nicolas, DUBOS Fabien, DUBOS Florian, POHER Benoit
Éditeur : SONY MUSIC PUBLISHING (FRANCE), KYOSPHÈRE PRODUCTIONS

Trop tard pour pleurer
Compositeur-auteur : CHASSAGNE Nicolas, DUBOS Fabien, DUBOS Florian, POHER Benoit
Éditeur : SONY MUSIC PUBLISHING (FRANCE), KYOSPHÈRE PRODUCTIONS

Tu veux des larmes
Compositeur-auteur : CHASSAGNE Nicolas, DUBOS Fabien, DUBOS Florian, POHER Benoit
Éditeur : SONY MUSIC PUBLISHING (FRANCE), KYOSPHÈRE PRODUCTIONS

Les rues sont vides
Compositeur-auteur : CHASSAGNE Nicolas, DUBOS Fabien, DUBOS Florian, POHER Benoit
Éditeur : SONY MUSIC PUBLISHING (FRANCE), KYOSPHÈRE PRODUCTIONS

Rêve
Compositeur-auteur : CHASSAGNE Nicolas, DUBOS Fabien, DUBOS Florian, POHER Benoit
Éditeur : SONY MUSIC PUBLISHING (FRANCE), KYOSPHÈRE PRODUCTIONS

L'ÉQUILIBRE – 10 ANS

Le Cœur des femmes
Compositeur : CHASSAGNE Nicolas, DUBOS Fabien, DUBOS Florian
Compositeur-Auteur : POHER Benoit
Arrangeur : DUBOS Fabien, DUBOS Florian, POHER Benoit
Éditeur : SONY MUSIC PUBLISHING (FRANCE), KYOSPHÈRE PRODUCTIONS

Born to kiss
Compositeur : CHASSAGNE Nicolas, DUBOS Fabien, DUBOS Florian
Compositeur-Auteur : POHER Benoit
Arrangeur : CHASSAGNE Nicolas, DUBOS Fabien, DUBOS Florian
Éditeur : SONY MUSIC PUBLISHING (FRANCE), KYOSPHÈRE PRODUCTIONS

King size
Compositeur : CHASSAGNE Nicolas, DUBOS Fabien, DUBOS Florian
Compositeur-Auteur : POHER Benoit
Arrangeur : CHASSAGNE Nicolas, DUBOS Fabien, DUBOS Florian
Éditeur : SONY MUSIC PUBLISHING (FRANCE), KYOSPHÈRE PRODUCTIONS

3 lettres
Compositeur : CHASSAGNE Nicolas, DUBOS Fabien, DUBOS Florian
Compositeur-Auteur : POHER Benoit
Arrangeur : CHASSAGNE Nicolas, DUBOS Fabien, DUBOS Florian
Éditeur : SONY MUSIC PUBLISHING (FRANCE), KYOSPHÈRE PRODUCTIONS

Le Flacon
Compositeur : CHASSAGNE Nicolas, DUBOS Fabien, DUBOS Florian
Compositeur-Auteur : POHER Benoit
Arrangeur : CHASSAGNE Nicolas, DUBOS Fabien, DUBOS Florian
Éditeur : SONY MUSIC PUBLISHING (FRANCE), KYOSPHÈRE PRODUCTIONS

L'Un sur l'autre
Compositeur : CHASSAGNE Nicolas, DUBOS Fabien, DUBOS Florian
Compositeur-Auteur : POHER Benoit
Arrangeur : CHASSAGNE Nicolas, DUBOS Fabien, DUBOS Florian
Éditeur : SONY MUSIC PUBLISHING (FRANCE), KYOSPHÈRE PRODUCTIONS

Lasse
Compositeur : CHASSAGNE Nicolas, DUBOS Fabien, DUBOS Florian
Compositeur-Auteur : POHER Benoit
Arrangeur : CHASSAGNE Nicolas, DUBOS Fabien, DUBOS Florian
Éditeur : SONY MUSIC PUBLISHING (FRANCE), KYOSPHÈRE PRODUCTIONS

LE CHEMIN – 20 ANS

Laissez-moi ce rêve
Compositeur-auteur : CHASSAGNE Nicolas, DUBOS Fabien, DUBOS Florian, POHER Benoit
Éditeur : SONY MUSIC PUBLISHING (FRANCE), KYOSPHÈRE PRODUCTIONS

Le Pire
Compositeur-auteur : CHASSAGNE Nicolas, DUBOS Fabien, DUBOS Florian, POHER Benoit
Éditeur : SONY MUSIC PUBLISHING (FRANCE), KYOSPHÈRE PRODUCTIONS

Pas si loin de nous
Compositeur-auteur : CHASSAGNE Nicolas, DUBOS Fabien, DUBOS Florian, POHER Benoit
Éditeur : SONY MUSIC PUBLISHING (FRANCE), KYOSPHÈRE PRODUCTIONS

Oublié
Compositeur-auteur : CHASSAGNE Nicolas, DUBOS Fabien, DUBOS Florian, POHER Benoit
Éditeur : SONY MUSIC PUBLISHING (FRANCE), KYOSPHÈRE PRODUCTIONS

L'Ombre du soleil
Compositeur-auteur : CHASSAGNE Nicolas, DUBOS Fabien, DUBOS Florian, POHER Benoit
Éditeur : SONY MUSIC PUBLISHING (FRANCE), KYOSPHÈRE PRODUCTIONS

LA PART DES LIONS

Margaux, Omar et Marlow
Compositeur : CHASSAGNE Nicolas, DUBOS Florian, MOZE Jocelyn
Compositeur-Auteur : POHER Benoit
Arrangeur : CHASSAGNE Nicolas, DUBOS Florian, MOZE Jocelyn
Éditeur : SONY MUSIC PUBLISHING (FRANCE), KYOSPHÈRE PRODUCTIONS

Enfant de la patrie
Compositeur : CHASSAGNE Nicolas, DUBOS Florian, MOZE Jocelyn
Compositeur-Auteur : POHER Benoit
Arrangeur : CHASSAGNE Nicolas, DUBOS Florian, MOZE Jocelyn
Éditeur : SONY MUSIC PUBLISHING (FRANCE), KYOSPHÈRE PRODUCTIONS

Mon époque
Compositeur : CHASSAGNE Nicolas, DUBOS Florian, MOZE Jocelyn
Compositeur-Auteur : POHER Benoit
Arrangeur : CHASSAGNE Nicolas, DUBOS Florian, MOZE Jocelyn

Éditeur : SONY MUSIC PUBLISHING (FRANCE), KYOSPHÈRE PRODUCTIONS

Quand je serai jeune
Compositeur : CHASSAGNE Nicolas, DUBOS Florian, MOZE Jocelyn
Compositeur-Auteur : POHER Benoit
Arrangeur : CHASSAGNE Nicolas, DUBOS Florian, MOZE Jocelyn
Éditeur : SONY MUSIC PUBLISHING (FRANCE), KYOSPHÈRE PRODUCTIONS

Touriste en hiver
Compositeur : CHASSAGNE Nicolas, DUBOS Florian, MOZE Jocelyn
Compositeur-Auteur : POHER Benoit
Arrangeur : CHASSAGNE Nicolas, DUBOS Florian, MOZE Jocelyn
Éditeur : SONY MUSIC PUBLISHING (FRANCE), KYOSPHÈRE PRODUCTIONS

Stand up
Compositeur : CHASSAGNE Nicolas, DUBOS Florian, MOZE Jocelyn
Compositeur-Auteur : POHER Benoit
Arrangeur : CHASSAGNE Nicolas, DUBOS Florian, MOZE Jocelyn
Éditeur : SONY MUSIC PUBLISHING (FRANCE), KYOSPHÈRE PRODUCTIONS

Comète
Compositeur : CHASSAGNE Nicolas, DUBOS Florian, MOZE Jocelyn
Compositeur-Auteur : POHER Benoit
Arrangeur : CHASSAGNE Nicolas, DUBOS Florian, MOZE Jocelyn
Éditeur : SONY MUSIC PUBLISHING (FRANCE), KYOSPHÈRE PRODUCTIONS

Quitter la ville
Compositeur : CHASSAGNE Nicolas, DUBOS Florian, MOZE Jocelyn
Compositeur-Auteur : POHER Benoit
Arrangeur : CHASSAGNE Nicolas, DUBOS Florian, MOZE Jocelyn
Éditeur : SONY MUSIC PUBLISHING (FRANCE), KYOSPHÈRE PRODUCTIONS

Paris
Compositeur : CHASSAGNE Nicolas, DUBOS Florian, MOZE Jocelyn
Compositeur-Auteur : POHER Benoit
Arrangeur : CHASSAGNE Nicolas, DUBOS Florian, MOZE Jocelyn
Éditeur : SONY MUSIC PUBLISHING (FRANCE), KYOSPHÈRE PRODUCTIONS

Après minuit
Compositeur : CHASSAGNE Nicolas, DUBOS Florian, MOZE Jocelyn
Compositeur-Auteur : POHER Benoit
Arrangeur : CHASSAGNE Nicolas, DUBOS Florian, MOZE Jocelyn
Éditeur : SONY MUSIC PUBLISHING (FRANCE), KYOSPHÈRE PRODUCTIONS

Mon immeuble
Compositeur : CHASSAGNE Nicolas, DUBOS Florian, MOZE Jocelyn
Compositeur-Auteur : POHER Benoit
Arrangeur : CHASSAGNE Nicolas, DUBOS Florian, MOZE Jocelyn
Éditeur : SONY MUSIC PUBLISHING (FRANCE), KYOSPHÈRE PRODUCTIONS

DANS LA PEAU

La Température
Compositeur : CHASSAGNE Nicolas, DUBOS Fabien, DUBOS Florian
Compositeur-Auteur : POHER Benoit
Arrangeur : CHASSAGNE Nicolas, DUBOS Fabien, DUBOS Florian
Éditeur : SONY MUSIC PUBLISHING (FRANCE), KYOSPHÈRE PRODUCTIONS

Plan A
Compositeur : CHASSAGNE Nicolas, DUBOS Fabien, DUBOS Florian
Compositeur-Auteur : POHER Benoit
Arrangeur : CHASSAGNE Nicolas, DUBOS Fabien, DUBOS Florian
Éditeur : SONY MUSIC PUBLISHING (FRANCE), KYOSPHÈRE PRODUCTIONS

Ton mec
Compositeur : CHASSAGNE Nicolas, DUBOS Fabien, DUBOS Florian
Compositeur-Auteur : POHER Benoit
Arrangeur : CHASSAGNE Nicolas, DUBOS Fabien, DUBOS Florian
Éditeur : SONY MUSIC PUBLISHING (FRANCE), KYOSPHÈRE PRODUCTIONS

Fremen
Compositeur : CHASSAGNE Nicolas, DUBOS Fabien, DUBOS Florian
Compositeur-Auteur : POHER Benoit
Arrangeur : CHASSAGNE Nicolas, DUBOS Fabien, DUBOS Florian
Éditeur : SONY MUSIC PUBLISHING (FRANCE), KYOSPHÈRE PRODUCTIONS

Prends-le
Compositeur : CHASSAGNE Nicolas, DUBOS Fabien, DUBOS Florian
Compositeur-Auteur : POHER Benoit
Arrangeur : CHASSAGNE Nicolas, DUBOS Fabien, DUBOS Florian
Éditeur : SONY MUSIC PUBLISHING (FRANCE), KYOSPHÈRE PRODUCTIONS

Dans les cordes
Compositeur : CHASSAGNE Nicolas, DUBOS Fabien, DUBOS Florian
Compositeur-Auteur : POHER Benoit
Arrangeur : CHASSAGNE Nicolas, DUBOS Fabien, DUBOS Florian
Éditeur : SONY MUSIC PUBLISHING (FRANCE), KYOSPHÈRE PRODUCTIONS

Danse
Compositeur : CHASSAGNE Nicolas, DUBOS Fabien, DUBOS Florian
Compositeur-Auteur : POHER Benoit
Arrangeur : CHASSAGNE Nicolas, DUBOS Fabien, DUBOS Florian
Éditeur : SONY MUSIC PUBLISHING (FRANCE), KYOSPHÈRE PRODUCTIONS

Plus à gagner qu'à perdre
Compositeur : CHASSAGNE Nicolas, DUBOS Fabien, DUBOS Florian
Compositeur-Auteur : POHER Benoit
Arrangeur : CHASSAGNE Nicolas, DUBOS Fabien, DUBOS Florian
Éditeur : SONY MUSIC PUBLISHING (FRANCE), KYOSPHÈRE PRODUCTIONS

Plus que mes doutes
Compositeur : CHASSAGNE Nicolas, DUBOS Fabien, POHER Benoit
Compositeur-Auteur : DUBOS Florian
Arrangeur : CHASSAGNE Nicolas, DUBOS Fabien, POHER Benoit
Éditeur : SONY MUSIC PUBLISHING (FRANCE), KYOSPHÈRE PRODUCTIONS

Troisième pas
Compositeur : CHASSAGNE Nicolas, DUBOS Fabien, DUBOS Florian
Compositeur-Auteur : POHER Benoit
Arrangeur : CHASSAGNE Nicolas, DUBOS Fabien, DUBOS Florian
Éditeur : SONY MUSIC PUBLISHING (FRANCE), KYOSPHÈRE PRODUCTIONS

Prends les coups
Compositeur : CHASSAGNE Nicolas, DUBOS Fabien, DUBOS Florian
Compositeur-Auteur : POHER Benoit
Arrangeur : CHASSAGNE Nicolas, DUBOS Fabien, DUBOS Florian
Éditeur : SONY MUSIC PUBLISHING (FRANCE), KYOSPHÈRE PRODUCTIONS

Sept Vies
Compositeur : CHASSAGNE Nicolas, DUBOS Fabien, DUBOS Florian
Compositeur-Auteur : POHER Benoit
Arrangeur : CHASSAGNE Nicolas, DUBOS Fabien, DUBOS Florian
Éditeur : SONY MUSIC PUBLISHING (FRANCE), KYOSPHÈRE PRODUCTIONS

L'ÉQUILIBRE

Poupées russes
Compositeur : CHASSAGNE Nicolas, DUBOS Fabien, DUBOS Florian

Compositeur-Auteur : POHER Benoit
Arrangeur : CHASSAGNE Nicolas, DUBOS Fabien, DUBOS Florian
Éditeur : SONY MUSIC PUBLISHING (FRANCE), KYOSPHÈRE PRODUCTIONS

Le Graal
Compositeur : CHASSAGNE Nicolas, DUBOS Fabien, DUBOS Florian
Compositeur-Auteur : POHER Benoit
Arrangeur : CHASSAGNE Nicolas, DUBOS Fabien, DUBOS Florian
Éditeur : SONY MUSIC PUBLISHING (FRANCE), KYOSPHÈRE PRODUCTIONS

L'Équilibre
Compositeur : CHASSAGNE Nicolas, DUBOS Fabien, DUBOS Florian
Compositeur-Auteur : POHER Benoit
Arrangeur : CHASSAGNE Nicolas, DUBOS Fabien, DUBOS Florian
Éditeur : SONY MUSIC PUBLISHING (FRANCE), KYOSPHÈRE PRODUCTIONS

Enfant du solstice
Compositeur : CHASSAGNE Nicolas, DUBOS Fabien, DUBOS Florian
Compositeur-Auteur : POHER Benoit
Arrangeur : CHASSAGNE Nicolas, DUBOS Fabien, DUBOS Florian
Éditeur : SONY MUSIC PUBLISHING (FRANCE), KYOSPHÈRE PRODUCTIONS

Les Vents contraires
Compositeur : CHASSAGNE Nicolas, DUBOS Fabien, DUBOS Florian
Compositeur-Auteur : POHER Benoit
Arrangeur : CHASSAGNE Nicolas, DUBOS Fabien, DUBOS Florian
Éditeur : SONY MUSIC PUBLISHING (FRANCE), KYOSPHÈRE PRODUCTIONS

Nuits blanches
Compositeur : CHASSAGNE Nicolas, DUBOS Fabien, DUBOS Florian
Compositeur-Auteur : POHER Benoit
Arrangeur : CHASSAGNE Nicolas, DUBOS Fabien, DUBOS Florian
Éditeur : SONY MUSIC PUBLISHING (FRANCE), KYOSPHÈRE PRODUCTIONS

KY
Compositeur : CHASSAGNE Nicolas, DUBOS Fabien, DUBOS Florian
Compositeur-Auteur : POHER Benoit
Arrangeur : CHASSAGNE Nicolas, DUBOS Fabien, DUBOS Florian, LEMARIE Grégory
Éditeur : SONY MUSIC PUBLISHING (FRANCE), KYOSPHÈRE PRODUCTIONS

Madone
Compositeur : CHASSAGNE Nicolas, DUBOS Fabien, DUBOS Florian
Compositeur-Auteur : POHER Benoit
Arrangeur : CHASSAGNE Nicolas, DUBOS Fabien, DUBOS Florian
Éditeur : SONY MUSIC PUBLISHING (FRANCE), KYOSPHÈRE PRODUCTIONS

Récidiviste
Compositeur : CHASSAGNE Nicolas, DUBOS Fabien, DUBOS Florian
Compositeur-Auteur : POHER Benoit
Arrangeur : CHASSAGNE Nicolas, DUBOS Fabien, DUBOS Florian
Éditeur : SONY MUSIC PUBLISHING (FRANCE), KYOSPHÈRE PRODUCTIONS

On se tourne autour
Compositeur : CHASSAGNE Nicolas, DUBOS Fabien, DUBOS Florian
Compositeur-Auteur : POHER Benoit
Arrangeur : CHASSAGNE Nicolas, DUBOS Fabien, DUBOS Florian
Éditeur : SONY MUSIC PUBLISHING (FRANCE), KYOSPHÈRE PRODUCTIONS

White trash
Compositeur : CHASSAGNE Nicolas, DUBOS Fabien, DUBOS Florian
Compositeur-Auteur : POHER Benoit
Arrangeur : CHASSAGNE Nicolas, DUBOS Fabien, DUBOS Florian
Éditeur : SONY MUSIC PUBLISHING (FRANCE), KYOSPHÈRE PRODUCTIONS

La Route
Compositeur : CHASSAGNE Nicolas, DUBOS Fabien, POHER Benoit
Compositeur-Auteur : DUBOS Florian
Arrangeur : CHASSAGNE Nicolas, DUBOS Fabien, POHER Benoit
Éditeur : SONY MUSIC PUBLISHING (FRANCE), KYOSPHÈRE PRODUCTIONS

BEST OF

Comme des frères
Compositeur-Auteur : CHASSAGNE Nicolas, DUBOS Fabien, DUBOS Florian, POHER Benoit
Éditeur : SONY MUSIC PUBLISHING (FRANCE), KYOSPHÈRE PRODUCTIONS

Le ciel s'indigne
Compositeur-Auteur : CHASSAGNE Nicolas, DUBOS Fabien, DUBOS Florian, POHER Benoit
Éditeur : SONY MUSIC PUBLISHING (FRANCE), KYOSPHÈRE PRODUCTIONS

300 LÉSIONS

Contact
Compositeur-Auteur : CHASSAGNE Nicolas, DUBOS Fabien, DUBOS Florian, POHER Benoit
Éditeur : SONY MUSIC PUBLISHING (FRANCE), KYOSPHÈRE PRODUCTIONS

Dans ma chair
Compositeur-Auteur : CHASSAGNE Nicolas, DUBOS Fabien, DUBOS Florian, POHER Benoit
Éditeur : SONY MUSIC PUBLISHING (FRANCE), KYOSPHÈRE PRODUCTIONS

Qui je suis
Compositeur-Auteur : CHASSAGNE Nicolas, DUBOS Fabien, DUBOS Florian, POHER Benoit
Éditeur : SONY MUSIC PUBLISHING (FRANCE), KYOSPHÈRE PRODUCTIONS

Sarah
Compositeur-Auteur : CHASSAGNE Nicolas, DUBOS Fabien, DUBOS Florian, POHER Benoit
Éditeur : SONY MUSIC PUBLISHING (FRANCE), KYOSPHÈRE PRODUCTIONS

Sad day
Compositeur-Auteur : CHASSAGNE Nicolas, DUBOS Fabien, DUBOS Florian, POHER Benoit
Éditeur : SONY MUSIC PUBLISHING (FRANCE), KYOSPHÈRE PRODUCTIONS

Révolutions
Compositeur-Auteur : CHASSAGNE Nicolas, DUBOS Fabien, DUBOS Florian, POHER Benoit
Éditeur : SONY MUSIC PUBLISHING (FRANCE), KYOSPHÈRE PRODUCTIONS

Ce soir
Compositeur-Auteur : CHASSAGNE Nicolas, DUBOS Fabien, DUBOS Florian, POHER Benoit
Éditeur : SONY MUSIC PUBLISHING (FRANCE), KYOSPHÈRE PRODUCTIONS

Respire
Compositeur-Auteur : CHASSAGNE Nicolas, DUBOS Fabien, DUBOS Florian, POHER Benoit
Éditeur : SM PUBLISHING, KYOSPHÈRE PRODUCTIONS

Je te rêve encore
Compositeur-Auteur : CHASSAGNE Nicolas, DUBOS Fabien, DUBOS Florian, POHER Benoit
Éditeur : SONY MUSIC PUBLISHING (FRANCE), KYOSPHÈRE PRODUCTIONS

L'Enfer
Compositeur-Auteur : CHASSAGNE Nicolas, DUBOS Fabien, DUBOS Florian, POHER Benoit
Éditeur : SONY MUSIC PUBLISHING (FRANCE), KYOSPHÈRE PRODUCTIONS

L'Assaut des regards
Compositeur-Auteur : CHASSAGNE Nicolas, DUBOS Fabien, DUBOS Florian, POHER Benoit
Éditeur : SONY MUSIC PUBLISHING (FRANCE), KYOSPHÈRE PRODUCTIONS

LE CHEMIN

Le Chemin
Compositeur-Auteur : CHASSAGNE Nicolas, DUBOS Fabien, DUBOS Florian, POHER Benoit

Éditeur : SM PUBLISHING, KYOSPHÈRE PRODUCTIONS

Je cours
Compositeur-Auteur : CHASSAGNE Nicolas, DUBOS Fabien, DUBOS Florian, POHER Benoit
Éditeur : SM PUBLISHING, KYOSPHÈRE PRODUCTIONS

Dernière danse
Compositeur-Auteur : CHASSAGNE Nicolas, DUBOS Fabien, DUBOS Florian, POHER Benoit
Éditeur : SM PUBLISHING, KYOSPHÈRE PRODUCTIONS

Tout envoyer en l'air
Compositeur-Auteur : CHASSAGNE Nicolas, DUBOS Fabien, DUBOS Florian, POHER Benoit
Éditeur : SM PUBLISHING, KYOSPHÈRE PRODUCTIONS

Chaque seconde
Compositeur-Auteur : CHASSAGNE Nicolas, DUBOS Fabien, DUBOS Florian, POHER Benoit
Éditeur : SM PUBLISHING, KYOSPHÈRE PRODUCTIONS

Comment te dire
Compositeur-Auteur : CHASSAGNE Nicolas, DUBOS Fabien, DUBOS Florian, POHER Benoit
Éditeur : SM PUBLISHING, KYOSPHÈRE PRODUCTIONS

Je saigne encore
Compositeur-Auteur : CHASSAGNE Nicolas, DUBOS Fabien, DUBOS Florian, POHER Benoit
Éditeur : SM PUBLISHING, KYOSPHÈRE PRODUCTIONS

Je te vends mon âme
Compositeur-Auteur : CHASSAGNE Nicolas, DUBOS Fabien, DUBOS Florian, POHER Benoit
Éditeur : SM PUBLISHING, KYOSPHÈRE PRODUCTIONS

Pardonné
Compositeur-Auteur : CHASSAGNE Nicolas, DUBOS Fabien, DUBOS Florian, POHER Benoit
Éditeur : SM PUBLISHING, KYOSPHÈRE PRODUCTIONS

Sur nos lèvres
Compositeur-Auteur : CHASSAGNE Nicolas, DUBOS Fabien, DUBOS Florian, POHER Benoit
Éditeur : SM PUBLISHING, KYOSPHÈRE PRODUCTIONS

Tout reste à faire
Compositeur-Auteur : CHASSAGNE Nicolas, DUBOS Fabien, DUBOS Florian, POHER Benoit
Éditeur : SM PUBLISHING, KYOSPHÈRE PRODUCTIONS

KYO

Il est temps
Compositeur-Auteur : CHASSAGNE Nicolas, DUBOS Fabien, DUBOS Florian, POHER Benoit
Auteur : AKLE Yves
Éditeur : SM PUBLISHING, KYOSPHÈRE PRODUCTIONS

Mes racines et mes ailes
Compositeur : CHASSAGNE Nicolas, DUBOS Fabien, DUBOS Florian, POHER Benoit
Auteur : JOURDAN Michel
Éditeur : SM PUBLISHING, KYOSPHÈRE PRODUCTIONS

Je n'veux pas oublier
Compositeur-Auteur : CHASSAGNE Nicolas, DUBOS Fabien, DUBOS Florian, POHER Benoit
Auteur : AKLE Yves
Éditeur : SM PUBLISHING, KYOSPHÈRE PRODUCTIONS

La vérité nous ment
Compositeur-Auteur : CHASSAGNE Nicolas, DUBOS Fabien, DUBOS Florian, POHER Benoit
Éditeur : SM PUBLISHING, KYOSPHÈRE PRODUCTIONS

Un sourire aux anges
Compositeur-Auteur : CHASSAGNE Nicolas, DUBOS Fabien, DUBOS Florian, POHER Benoit
Éditeur : SM PUBLISHING, KYOSPHÈRE PRODUCTIONS

Telle est ma prière
Compositeur : CHASSAGNE Nicolas, DUBOS Fabien, DUBOS Florian
Compositeur-Auteur : POHER Benoit
Auteur : AKLE Yves
Éditeur : SM PUBLISHING, KYOSPHÈRE PRODUCTIONS

Comme le monde est grand
Compositeur : CHASSAGNE Nicolas, DUBOS Fabien, DUBOS Florian, POHER Benoit
Auteur : FLORENCE Lionel
Éditeur : SM PUBLISHING, PILOTIS, KYOSPHÈRE PRODUCTIONS

C'est pas juste
Compositeur-Auteur : CHASSAGNE Nicolas, DUBOS Fabien, DUBOS Florian, POHER Benoit
Éditeur : SM PUBLISHING, KYOSPHÈRE PRODUCTIONS

C'est ma faute
Compositeur-Auteur : POHER Benoit
Éditeur : SM PUBLISHING, KYOSPHÈRE PRODUCTIONS

Regardez-moi
Compositeur-Auteur : CHASSAGNE Nicolas, DUBOS Fabien, DUBOS Florian, POHER Benoit
Éditeur : SM PUBLISHING, KYOSPHÈRE PRODUCTIONS

Fermons les yeux
Compositeur-Auteur : Trevor Jones
Adaptation française de « Last of Mohicans » : Yves-Michel Aklé
Éditeur : Miracle Creek Music

Achevé d'imprimer en octobre 2024
Par GPS en Slovénie

MIXTE
Papier | Pour une gestion forestière responsable
FSC® C118234
FSC www.fsc.org

Dépôt légal : novembre 2024